獻給恩師
日常老和尚

我是對的！為什麼我不快樂？

See the good

終結煩煩惱惱的幸福密碼

江宏志——著

衆生

目錄

【推薦序一】

幸福不難，俯拾皆是

暢銷作家　吳家德

當你開始閱讀這本書，從字裡行間，一定聞得到「幸福」味道。當你讀完這本書，身上可能已經有了「幸福」DNA。這本書很好讀，故事平實，深入人心；道理易懂，生活實用。翻閱它，保證你受用無窮。

多年來，宏志老師一直是我的良師益友。他開朗，笑聲音量和我有得比；他穩重，內斂性格值得我學習。總之，很高興在人生道路上認識他，讓我不斷成長，也感到世間溫暖。

宏志老師在二〇一五年左右，與他太太娜娜姐共同創辦無憂花學堂。無憂花學堂是專爲女性朋友設計的多元學習教育機構。包括家庭和諧、職場工作、人際溝通、身心保健、營養健康、理財規畫、生命成長等課程。這些年下來，已經嘉惠好幾萬人次前來共學，不論實體與線上，都得到好評。

我就是在學堂創辦之初與他們認識的。我記得很清楚，當年宏志老師打電話給我時，很有禮貌地詢問我，是否願意擔任他成長營隊的講師？基於是朋友推薦介紹，我當然樂於幫忙，前往營隊授課。

有緣踏進無憂花學堂的教育大門眞的很棒，開啓我與宏志老師的善緣與善果。在我成爲無憂花學堂的專任老師後，每一年總會用幾堂課與學員分享關於「熱情」與「利他」的生命思維，也得到許多學員認同。

更棒的是，這些年來我出版了四本書，宏志老師非常夠義氣，總是在課程當中幫我抬轎、幫我宣傳，讓我的每本書紛紛走進無憂花學堂的學員家中。他告訴我，他要讓熱愛學習的女性得到幸福之外，也能感染我的熱情與利他共好的價值觀，讓家庭更加和諧美滿。

說個小插曲，宏志老師演講投影片的製作功力很強。每當我把演講檔案傳給他後，他都會花時間幫我美化投影片，讓聽我演講的學員看到的投影片視覺效果更具美學。而宏志老師的邏輯思辨能力亦是一絕，他會在演講前與我討論教案，不斷拋問題給我，請我提出想要講的故事背後欲傳達的意義與觀點。我非得要說出一個所以然來，包括簡單易懂、清晰明白的眞諦與金句，他才願意放過我。他說，這樣對前來上課的學員才有交代，學習才能入味。

我很喜歡這本書每個篇章的開頭問題集，這就是獨特的江氏風格。宏志老師不只想給讀者魚吃，他會用好故事與自身一甲子的豐富經驗，引導大家成熟思考，最終教讀者學會製作魚竿的本領，才能快樂長久，幸福豐盈。

很榮幸有機緣幫宏志老師寫推薦序，能夠先睹文章，讓我受益匪淺。也希望讀者和我一樣，藉由閱讀這本好書，獲得幸福，成爲更好的人。

【推薦序二】

世界真正需要的人

福智佛教學院籌備處主任

釋如得

達賴喇嘛尊者說：「這個世界並不需要更多成功的人，但是迫切需要各式各樣能夠帶來和平的人；能夠療癒的人；能夠修復的人；會說故事的人；還有懂愛的人。」江宏志老師就是這個世界需要的人，而他的書就是培養更多這樣的人。

書中有很多發人省思的故事，因爲心胸打開了，讓對立的人和平；因爲認知升級了，讓傷心的人療癒；因爲向內調伏了，讓決裂的人修復；因爲學會念恩了，讓冷漠的人懂愛。

特別欣賞本書的編排方式，每篇開頭先思考一個問題，緊接的內容緊扣問題，閱讀完再請讀者觀察思惟，深入問題，進一步還有練習作業。別具用心、以聞思修的善巧方便讀者結合心續，翻轉人生！

也許是因爲我在籌辦一所能夠解決人類問題、不一樣的大學，所以接觸了更多心靈健康受損的人或家屬，家暴、憂鬱症、失智等等問題，正在吞噬人類的幸福，而且日趨嚴重。我們心力放在政治立場、經濟成長、科技發展、物質享受，將達到幸福的工具誤以為是目的，我們都在親身驗證且離目的愈來愈遠。我並非高調認為物質不需要，恩師日常老和尚提出的「心靈為主、物質為輔」猶如警鐘敲醒沉睡的我們，而心靈提昇需靠教育提昇正確的認知。《我是對的！為什麼我不快樂？》是一本非常非常非常棒的心靈提昇書籍，不是因為與宏志的交情而推薦，而是為他宏大志向而推薦！

林語堂曾說：「沒有養成讀書習慣的人，以時間和空間而言，是受著他眼前的世界所禁錮的。」不讀書的人，見解會比較局限、膚淺，常常會被自己認知的世界束縛。找一本心靈書籍，照著讀下去、修練下去，就會遇見更完美的自己！

【推薦序三】

幸福，就是有正確的認知

大慈恩基金會董事　陳耀輝

禪宗六祖惠能大師在《六祖壇經》中有一首偈語：「佛法在世間，不離世間覺；離世覓菩提，恰如求兔角。」

修學佛法想證得菩提，不能離開世間求正覺，我們想得到幸福快樂，和佛法一樣也必須在生活中尋找。

每個人在生活的本質上都在追求快樂，不希望痛苦，可是偏偏沒辦法得到眞正永恆的快樂，那麼痛苦和快樂的關鍵到底在哪裡？

用佛法的名詞來說：一個是覺悟，一個是迷；用通俗一點的說法來解釋：「覺」就是能得到幸福快樂的正確認知和方法，「迷」就是不了解如何才能得到眞正的快樂和幸福。因此，在這個關鍵上，眞正能夠幫助我們的是什麼？就是——學習對事情有正確的認知。

在書中，宏志老師引用很多生命中眞實的事例，由於他深入的觀察和體驗，本來深受影響的心情竟然發生了天翻地覆的變化。列舉其中兩則心境，非常值得我們省思：

1.「一樣的泡麵，在金邊當總經理時吃起來是人間美味，回到台灣吃起來就不怎麼樣！」「泡麵沒有變，爲什麼吃起來不一樣？」

2. 在路上開車，理應左轉車要禮讓直行車，偏偏碰上不按牌理出牌的來車，硬要在你前面搶先左轉，此時你就會有情緒反應——「讓他？明明我是對的，爲什麼要讓他？」「我是對的，爲什麼我不快樂？」

本書中，每一則都有可能發生在你我的生活中，透過宏志老師深入的剖析，讓人內心產生極大的共鳴和衝擊：我們不是想得到快樂嗎？爲什麼心情就是控制不住，不由自主地往不痛快的方向去執取？

宏志老師在書中引用日常老和尚的開示：「看別人的缺失，別人不一定受害，自己先受害。」「看別人的功德，別人不一定受益，自己先受益。」，「see the good」，依這樣的觀點去思考，一定可以得到意想不到的心靈釋放。

宏志老師以真實的生命經驗，和我們分享從生活中體會到「如何創造快樂幸福的密碼」，這是一本不可多得的好書，特別在此推薦。請用心品讀，您將會找到一把快樂幸福的鑰匙，開啓您的心門。

【推薦序四】

幸福人生的饗宴

安童文教基金會執行長　胡克勤

很高興看到本書出版！因爲這意味著很多人將獲得莫大好處。當年，宏志兄秉持著眞如老師想要幫助女性學習的心願，成立了無憂花學堂，一個專屬女性的學習平台。目的是協助女性透過學習，讓自己更自信、更快樂，優雅地過日子。

從二〇一六年開始舉辦「無憂花姐妹成長營」及一系列課程以來，最主要的課程就是宏志兄的《幸福密碼系列講座》。由於非常受歡迎，此後除了陸續在各地辦無憂花營隊外，還收到企業競相邀約，共辦了近七百場講座，足跡遍及全球多個國家，受益聽眾無數。

這些年，本人也因緣際會聽了數次講座，每次聽講都有很多對生活觀念的省思及新的啓發。觀察營隊與講座的氛圍，眞的是毫無冷場，聽眾莫不歡喜學習。可惜的是，僅僅一次概念衝擊，不足以扭轉行爲的改變，還需要反覆思惟及對境練習，而這本書的出版正好彌補了此一缺憾。

因此，鄭重推薦所有聽過《幸福密碼系列講座》的人，應該好好閱讀此書，一定會讓聽講的受益落實於生活。而尚未聽到講座的人，更要把握機會好好閱讀此書，這將會是您的最佳福音。

二〇二二年九月二十三日
筆於印度達蘭薩拉

【前言】

不會不滿足等於滿足嗎？

邀請您在閱讀本篇前，請先思考一個問題：

Q 請您回憶過去的歲月中，最快樂的日子是幾歲的時候？

當別人問我們，愛情跟麵包哪一個比較重要時，通常會選擇哪一個？根據我多年來的調查，百分之九十九的人都覺得麵包比較重要。老祖宗說過：「貧賤夫妻百事哀」，可是我想說的是，沒有錢有什麼好討論的？如同今天去上班，公司說沒錢發薪水，這肯定不幹的，就算能夠幫公司幹個一、兩天，也撐不久！夫妻生活也是一樣，沒有錢，柴米油鹽醬醋茶怎麼辦？如果要我再問一句：

更多的錢就等於更幸福嗎？

大部分的人又覺得不是，沒有錢是有問題，可是更多的錢等於更幸福，大部分的人也不同意。現代社會中，離婚通常不是沒有錢的人，我們現在講的離婚，不是那些達官貴人或演藝人員，而是講一般的老百姓。絕大部分的人之所以會離婚，不是因爲沒錢，他們的所得都不差，就是一般的中產階級升斗小民，這就奇怪了，沒有錢不行，可是有更多的錢又不代表更幸福，到底問題出在哪裡？這是一個很值得思惟的問題。

我曾經在柬埔寨的金邊擔任台商，那時金邊剛開放，基礎建設落後，去的台商不多。有一回我要前往金邊時，在桃園機場候機，因爲那時柬埔寨的台商不多，大家彼此間都認識，碰到熟識的台商朋友，就一起聊天。其中一位劉董笑著說：「我老婆說，每個月只要給十萬元回家養家，在外面隨便你。」我笑著說：「老哥，如果你是開玩笑的就算了，如果是眞的，你們的婚姻會有問題喔！」他說：「眞的，我老婆眞的很認眞地這樣跟我說呢。」我說：「那可能會有點問題。」果不其然，隔沒多久就聽說他離婚了。

很多男性朋友沒有釐清一個概念，雖然沒有拿錢回來養家是不行的，可是如果以爲，錢有回家，責任就盡到了，那可能也不行。換句話說，我想跟大家分享一個很重要的概念——

錢不到位老婆肯定不滿足，

可是錢到位了，

老婆只是不會不滿足。

「不會不滿足」等於「滿足」嗎？

如果說滿足在最右邊，不滿足在最左邊，不會不滿足在中間，是滿足的基本水準。換句話說，如果今天有錢回來，不會不滿足，老婆只是不會再抱怨罷了。

或者說，今天公司發薪水給員工，因爲錢給得到位，員工不會抱怨，可是這代表員工不會離職嗎？不，還是可能離職的。世界上那麼多優秀的公司，還是有員工走，爲什麼走？錢不夠嗎？假設錢夠了呢？爲什麼員工還要離開？很顯然，有一些東西沒有得到滿足。在婚姻關係中，如果我們用集合代名詞的概念去說，那大概就是沒有了愛情。當一段婚姻沒有愛情，只剩物質條件時，「不會不滿足」不是「滿足」。前不久我在一部電影裡看到一句話，印象深刻：

後來，我們什麼都有了，

就是沒有我們！

這句話眞實地反應許多從年輕一起打拚的夫妻。文章開頭提出的問題，我想大部分人的回答幾乎都落在學生時代，記得以前穿軍訓服的樣子嗎？或是讀五專或大學時，在校園裡騎腳踏車，當時的單車前面有一根鐵桿，女生要坐的時候必須側坐，而男生手握龍頭時，像是懷抱著女生，想想看屁股坐在一根橫桿上面怎麼會舒服？可是那時候的我們笑得多燦爛，微風徐徐，聞得到女生的髮香，還記得這樣子的學生時代嗎？

那時候你有錢嗎？

學生時代，騎著腳踏車在校園裡載著自己喜歡的女同學，逛校園的時候，微風吹來，把我的白襯衫吹得飄飄然，很快樂，就是沒錢。那時我心裡還想，如果有一台機車該有多好，有一台機車（歐兜拜）就是天堂，可是沒有，就只有腳踏車。反觀現在，你現在有錢嗎？

「有！我現在有錢。」

「那，錢比較多了，快樂有比較多嗎？」

很多悲慘的事情都跟錢有關，

很多幸福的事情都跟錢無關。

爲什麼存摺裡的錢愈來愈多，可是快樂沒有比較多？念書的時候，口袋裡面只要有個五十塊、一百塊，簡直就是有錢人，就很快樂！只是吃碗剉冰，就覺得很幸福。可是現在銀行存摺裡面躺著幾百萬（即使只有幾十萬也比以前強），或許開的是賓士或寶馬，就算都沒有也可能有個世界名牌 TOYOTA，可是難過時，還是會在駕駛座上哭。

爲什麼？以前都覺得有錢的人幸福，現在我都有錢了，爲什麼常常還是有很多煩惱？

錢很重要！

這沒有人否認，請用嘴巴講一遍！講出來時，大腦就會開始活絡，教育學家說「講一遍勝過讀十遍」是有道理的，輸出等於思考。爲了強化記憶，請再說一遍：錢很重要。可是，再怎麼重要，也不如幸福重要。

錢很重要，但是幸福更重要

錢很重要沒錯，在討論麵包跟愛情哪個重要時，選擇麵包，也就是「物質條件」的人比較多。這不用討論，沒有人會否定，因爲否定這個會讓人覺得與社會脫節。但愛情更重要，因爲愛情就像心靈一樣，以前談戀愛時，在路邊攤吃個小吃就覺得很幸福；現在，有錢到一流的西餐廳用餐，享受一流的服務，但心情不佳也嘗不出美味。很顯然，我們要學習的是：

錢多一點沒有關係，

但要知道錢是要爲幸福服務的。

提醒上班族朋友們，最被人們低估的責任莫過於「幸福」。我們一直想要多賺一點錢，並持續努力著，但往往錯把手段當成目標，就會發現雖然錢愈來愈多，但快樂沒有比較多。

現在有一個名詞叫「樂元」，指的是快樂的貨幣。假設有一種貨幣可以衡量快樂，你那邊的樂元跟我的不一樣，我擁有最多樂元的時候是學生時代，當時五元就可以買到快樂。現在一千元可不可以買到一個樂元？新台幣換算樂元的匯率大概是多少？我們希望找到一個方法，慢慢地回到當初最單純的快樂，讓樂元（幸福）愈來愈多，是本書最重要的宗旨。

「事業成功的人比較幸福」是上班族常有的想法，當年的我也是這麼想。但事業成功的人眞的比較幸福嗎？哈佛大學曾做過這方面的研究，但透過科學與統計分析，並沒有證據支持這句話，沒辦法證明成功的人比較幸福。可是倒過來的說法卻是有證據支持的，那就是——

幸福的人比較容易成功！

哈佛大學著名教授尚恩．艾科爾（Shawn Achor）在 TEDx 發表了這個看法①，他的暢銷書列出七個快樂工作的習慣，其中寫道：

法則 1：幸福是一種工作動力，一項競爭力。

法則 2：改變內在思維，就能改變外在表現。

在職場上，「快樂」不是一種情緒，而是一種工作動力、一項競爭力。這個其實很容易理解，試想一下，如果幸福（心靈）肌肉較強大的人，在遭受挫折時，調適時間比較短；如果我們的心靈肌肉很弱，你遭遇挫折後，要趴在地上兩、三個月才爬得起來，那在職場上的競爭力自然就弱很多了。

註釋：

①《哈佛最受歡迎的快樂工作學：風行全美五百大企業、幫助兩百萬人找到職場幸福優勢，教你「愈快樂，愈成功」的黃金法則！【TEDx 史上最受歡迎演講 TOP4、1600 萬點閱率紀念版】》（*The Happiness Advantage: The Seven Principles of Positive Psychology That Fuel Success and Performance at Work*），尚恩．艾科爾（Shawn Achor）著，野人文化出版。

請相信科學研究，有沒有幸福的心靈肌肉，會決定你在職場生涯是否可以過得順遂。所以如何讓自己幸福？學習讓自己幸福就是一種能力，這也是正向心理學的教育目標。

第二條，他提醒所有上班夥伴們，要從自己的內在下手，因爲內在選擇系統改變後，外在行爲績效表現就改變了。可是有時我們往往搞錯了方向，意圖改變外在環境，可是，最終還是做不到。於是就容易陷入挫折與焦慮中，長期下來有礙健康，但不自覺。

從回顧人生最快樂的日子，到討論麵包跟愛情，再談到職場的狀況，只有一個清楚的目的。福智的創辦人日常老和尚在企業營與所有營隊中都會提到的，他說：

幸福人生的指導原則，

心靈爲主，

物質爲輔。

這八個字就是幸福人生的重點，重中之重！如果我們「物質爲主，心靈爲輔」，就會有很多問題。如同婚姻中，愛情就是心靈，雖然物質條件差一點，可是你感覺得到滿足，現在物質條件好卻又有那麼高的離婚率，怎麼解釋這個現象？這是值得討論跟思惟的主題。

See the good.

邀請您閱讀完本篇後，觀察與思考一個問題：

Q 請您觀察身邊離婚的親朋好友中，離婚原因是因為貧窮因素多，還是因為沒有愛情因素的多？

第一章

幸福人生最怕的四個字

我是對的，為什麼我不快樂？

邀請您在閱讀本篇前，請先思考一個問題：

Q 在家裡或職場中，當我們想證明自己是對的時候，自己的情緒通常如何？

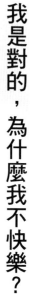

多數人應該都有駕照吧？在交通安全規範中，如果我們是直行車，對面來車要左轉，請問是左轉車要禮讓直行車？還是直行車要禮讓左轉車？大部分的駕駛應該都知道，左轉車要在路中間停一下，讓直行車優先通過。如果我們是直行車，對方要左轉，可是他沒有禮讓我們，直接左轉，這在日常生活中很常出現，那麼，你通常會怎麼做？

根據我在各地講座分享時的調查，大部分的學員都說會剎車禮讓對方。當然，男生有可能會按個喇叭抗議，或是罵個粗話罷了。女生也會讓他，但通常不會像男生直接把情緒發洩出來。

讓他？你是對的，你爲什麼要讓他？

我們會這樣反射性禮讓，其實隱含了很理性的原因，就是一旦發生擦撞，接著就是要請警察來處理。雖然我們是對的，但也要做筆錄，和解的流程萬一談不攏，還可能要對簿公堂等等。所以，假設是在你上班時間發生的事情，可能你這一天就沉淪下去了。可是如果你踩了剎車，讓他先過，估計五分鐘後，你就會忘記這件事了。所以這件事情在你生活中影響不大，你照樣上班，過完美好的一天。

每個人在交通安全上，通常都會這樣做。但如果把場景拉回家裡，或是拉回職場，當你看到他人缺失時，通常指責與批評的話就脫口而出了，就像是你看到他人缺失卻不踩剎車一樣。譬如，老婆一回家看見老公的髒襪子又亂丟，或是沒有丟到洗衣籃裡，於是氣一上來，就指責開罵，對方當然知道自己有錯，可是弄到最後，會變成「你是對的，結果你的情緒也很糟糕」。這是一個「理直氣壯卻兩敗俱傷」的場景，這種事情在日常生活中太常見了，關鍵點就是，當自己不放過他人的缺失，不剎車，到最後自己的生活也往下沉淪。

忘了是哪一年，我跟小陳兩對夫妻約好要一起到墾丁度假。小陳是彰化縣一間中小企業的業主，坐上他那台賓士後，一路往南開。你遇過在高速公路，後面的車子閃你大燈的經驗嗎？對方一直閃你大燈，就是請你開快一點，或是請你讓一讓，他在趕路。假設你一直開著最高速限一百一，你有氣，不讓就是不讓，那他勢必要從右邊超車，右邊超車不打緊，還沒有保持安全距離，就直接切到你的車道，好像在逼你一樣，有沒有這種被逼車的經驗？通常這時你會嚇到，便趕快踩剎車。這種逼車行爲非常危險，在高速公路行駛，三不五時總會碰到這樣的人。

那一天，風和日麗、陽光普照，就是碰到這種逼車。小陳在駕駛座，他老婆坐在前座，那台銀灰色休旅車沒有從左邊超車而是從右邊，可是不知道是故意還是不小心，休旅車還沒拉開安全距離就切到我們的車道。因爲速度很快，小陳他老婆害怕地大叫一聲。小陳是彰化縣草根性很強的中小企業主，這個時候粗話三字經就出口了，然後開始罵：「這是怎麼開車的？」罵、罵、罵、罵不停。

有時候我覺得很奇怪，爲什麼有些人坐在駕駛座，很喜歡罵外面的人，一下罵行人，一下罵騎機車的，然後騎腳踏車的也罵，好像全世界的人都不遵守交通規矩一樣。仔細想想，雖然我們罵得很起勁，但外面的人也聽不到。你們有沒有這種經驗？還是你們家那口子就是這樣？那天的情況就是如此，小陳罵著罵著情緒上來，就愈罵愈大聲。他老婆安撫道：「好啦好啦！不要生氣啦！我們是出來玩的喔！」但小陳還是不放過那個人，繼續罵：「這社會就是這樣⋯⋯」等等。

夫妻有時候講話也很奇怪，本來很單純的事情，但來來回回的對話中，彼此講話的音量卻會慢慢拉高。後來，有一句話直接點燃爭執，那句話就是「你每次都這樣！」

你每次都這樣！這句話等於否定了一個人的好表現，甚至等於否定了一個人。所以小陳的脾氣也爆了，然後兩個人開始大吵。後來我就跟小陳說，你們吵得那麼兇，這樣開車很危險，我們下交流道。所以，到最後變成我在安撫小陳，我老婆去陪他太太。那一天，風和日麗、陽光普照，我們是要去度假的。

我們去墾丁度假的心情全都搞砸了！

但那台超車的銀灰色休旅車，現在人在哪裡？

我的天呀！

二〇一二年，我參加福智企業主管生命成長營，在開南大學上課時，餐廳的牆上有一副對聯，想跟大家分享上聯。我剛開始看到時，還不太懂，這句話是這樣寫的：

「看別人缺失，別人不一定受害，自己先受害。」①

怎麼是別人不一定受害，自己先受害呢？從企業營回來，遇上這件事後，我便徹徹底底地了解到這句話的智慧，這句話是福智創辦人日常老和尚的法語，叫做「觀他人之過」會讓自己不幸福的道理，簡稱「觀過」。

有時候，你一直不放過別人的缺失，一直聚焦在別人的不好，一直聚焦別人不善待你，當你一直都聚焦這種事情時，別人不一定受害，但是你的整個情緒就搞砸了，所以自己先受害。你想想小陳跟他老婆，本來是要開開心心去墾丁度假，結果假期搞砸了，然後那台銀灰色休旅車呢？那個人根本沒有受害，早就不知道在幾十公里外了。

總結一下這兩件事。首先，「左轉車事件」就是對方有缺失，但你不踩剎車撞在一起，就造成兩敗俱傷。比這個更慘的，是前面提到的「惡性超車事件」，對方有缺失，但自己受害，別人沒有受害，這是不是更慘一點？

我是對的，爲什麼我不快樂？

在很多場合上課談到這段故事時，常有人下課來找我聊天。有個學員說：「江老師，今天這堂課眞的讓我茅塞頓開。」我說：「爲什麼？」他說：「因爲我一直以爲我是對的，我就應該要幸福啊！」

這是一種幸福的迷思，有時候我們會發現，一直堅持自己是對的人，反而不幸福。這句話非常簡單也容易記，是呀！我是對的，爲什麼我不快樂？我看過身邊有這樣子的夥伴，一直執著於自己是對的，反而失去了幸福。

上班的時候，同事又來跟你抱怨，聽他講完後，你溫柔地反問他：「對呀！你是對的，爲什麼你不快樂？」或許當你這樣跟他講，他突然會覺得，對呀！我是對的，爲什麼我

①摘自福智企業主管生命成長營日常老和尚的法語。

不快樂？有時候，你也可能三更半夜坐起來，想到那個人爲什麼要這樣講？讓你很氣、失眠，可是「那個人」可能睡得很香啊！搞不好就睡在你旁邊！氣死了！吼！然後還打呼！

我是對的，這四個字最可怕！

小到親人之間的疏離，大到兩個國家的戰爭，其實都是建立在「我是對的」這種意識。這篇短文想跟大家分享日常老和尚的智慧法語：「看別人缺失，別人不一定受害，自己先受害。」希望能夠讓你有鮮明的印象。這是我生活中的體會，與你分享。文末，用一句反問句總結。

你到底要的是幸福？還是對錯？

See the good.

邀請您閱讀完本篇後，觀察與思考一個問題：

Q 在家裡或職場中，希望別人倒楣（失敗），看衰人家，算不算觀過？

今天，做了什麼好事？

今天，看到了哪些美好的人、事、物……

今天，要真心感恩的三件事……

我們常喝毒藥嗎？

邀請您在閱讀本篇前，請先思考一個問題：

Q 親人之間發生重大衝突時，通常是其中一方知道自己有錯，還是雙方都不覺得自己有錯？

有一位企業界的朋友家裡辦喜事，我跟幾個朋友都參加了。我們早到，就在酒店外面天南地北地聊天，不久，劉董那台賓士也到了，看到劉董坐在前座，他老婆開車。到了之後，劉董先下車，跟我們舉手打了招呼，就把車門關上，碰！非常紮實的關門聲。

然後，他很紳士地在路邊引導他太太泊車，畫面很溫馨吧！男生在引導別人泊車時都會發出聲音，說：「來、來、來……」但很奇怪，女生通常不會，我看過很多次，女生通常都是在車子快撞到東西或牆壁時，才敲我們的車子「咚、咚」兩下。

沒隔多久，就聽到劉董用很大聲又有點生氣的台語講：「妳剛才方向盤打死，就到定位了！妳又魯（台語）一次做什麼？」他的意思是說，剛才只要方向盤打死加個油，就正好停到停車格內了，又加油跑出去一次幹什麼呢？我們幾位朋友在旁邊偷偷地笑著。

很奇怪，女生泊車，男生要引導協助，非常歡迎，可是不能因爲別人做事的方法跟你不一樣就生氣。女生有錯嗎？女生是怕A到前面的車屁股，或停在後面的車頭，所以就會很小心，前進後退多幾次而已嘛！你進去喝喜酒，不用引導我，我慢慢魯也可以泊好。

不是男生奇怪，而是一般來說，像這種事業有成的人，通常都很有自信。有時候自信過頭就會「自我膨脹」，其實，事業沒成的也會這樣。「奇怪耶，你爲什麼擦桌子要從右邊擦過來呢？從左邊抹過去不是很順嗎？」他連做事的方法與順序都有意見，從右邊擦有錯嗎？最後還是有把桌子擦乾淨，不是嗎？

前一篇〈我是對的，爲什麼我不快樂？〉有分享，說「對方有缺失，兩敗俱傷。」而更慘的是「對方有缺失，別人不一定受害，自己先受害。」現在，還有比前面兩個更慘的是——

別人沒有缺失，自己也受害。

當我們一直覺得「我是對的」，自我過度膨脹之後，心中就很容易出現負能量，因而讓自己不幸福、不快樂。前不久，我在 line 看到下面這句話：

很多時候親人之間發生衝突，
不代表對方有錯，
而是對方沒有滿足你的需求。
同樣地，

你也沒有滿足他（她）的需求。

我們在成長過程中，一定也發生過爸爸媽媽要你怎麼樣，可是你不想。你的方案是B，他的方案是A，其實你沒有錯，可是爸爸媽媽就是很不開心。數年前，朋友的小孩很優秀，大學聯考的成績可以選塡醫學系爲第一志願，但小孩偏偏不想塡醫學系，他就是想要當獸醫，他覺得這一生的使命就是來照顧小動物的，可是爸爸媽媽想說分數能進醫學系，爲什麼要挑獸醫系？小孩有錯嗎？小孩沒錯！但是小孩沒有滿足大人的需求與期待，所以爸爸媽媽很生氣，小孩也很生氣。

回過頭來看，會不會我們也是這樣子？我們的小孩或配偶眞的有錯嗎？還是他只是沒有滿足我們的需求？有錯，我們就不用討論了，値得討論的是「我們知道他沒有錯，可是我們就是那麼生氣」。

有一回我在企業界上課，是高階經理人班，剛好分享到這裡，我隨機點了一位副總級的學員，我跟他說：「副總，請您念一下，而且速度放慢，回到小學時期那種又慢又大聲的朗誦音調。」於是，嘻嘻哈哈中，他站起來，慢慢地朗誦起來：

是的，我是對的！

我可以繼續讓自己滿心怨氣。

是的，我是對的！

我可以讓自己繼續憤怒。

是的，我是對的！

看看親子關係，看看自己的婚姻。

看看自己，我可以繼續對下去。

念完之後，他起身從教室後面就走了出去，離開教室。我愣住了，我不曾遇到這種狀況，因爲也還沒下課。我就問剛才坐在他旁邊的總經理：「總經理，他是怎麼了？是我說錯話了嗎？」總經理微笑著說：「沒有啦，江老師，他剛離婚了，可能這幾句話打中他吧。」

很多家庭的結構、親子疏離或婚姻斷裂都有「我是對的」影子，我們要的是幸福？還是是非對錯？有時候我們就是掉到「想贏的陷阱」中，我們或許贏了這一次，可是輸掉了關係。夫妻也很常這樣，本來是很浪漫的夜晚，爲了爭是非對錯，最後一個人枕頭一拿就到客廳去睡了，所以——

想要不幸福很簡單，
一直聚焦在別人的缺失就對了。

想要不幸福，練習聚焦在別人或外在環境的缺失上，動不動就挑毛病，好像自己是警察一樣，深怕人家不知道你有多厲害、多聰明，這樣不斷練習，生活馬上就可以陷入不幸福的狀態。

不幸福的關鍵成功因素，觀過就是其中一項，肯定管用！如果不管用，你到台中市臺灣大道與東興路交叉口來堵我，那邊有一間里仁的教室，我常常在那裡買菜，我不是要買有機蔬菜送你，我是要帶你到隔壁的哈根達斯冰淇淋專賣店，請你吃冰淇淋。

前不久，在閱讀《希望．新生2：心之勇士》一書時，看到第二十九則，有這麼一段話，我很有感觸，想與大家分享，作爲這篇短文的總結，這句話是這樣的：

把那件別人做錯的事在心裡一遍一遍地想，
想一遍就像喝一遍痛苦的毒藥，
這樣串習的話，
那個痛苦只會刻得更深。

我覺得這幾句話非常有道理。再說，就算我們想對了，也就是對方真的有錯，仔細思惟一下，這對我們有好處嗎？這是真正的問題，自己喝毒藥想讓別人難過是不合邏輯的，然而，生活中我們一不小心就喝了一壺。

See the good.

邀請您閱讀完本篇後，觀察與思考一個問題：

Q 在日常生活中，我們身邊的親友與同事，他們習慣先看到不好的人事物（no good）？還是習慣先看到好的人事物（good）？再來反觀我們的習慣，是先看到不好的人事物（no good）？還是習慣先看到好的人事物（good）？

今天，做了什麼好事？

今天，看到了哪些美好的人、事、物……

今天，要眞心感恩的三件事……

不是靴子的問題

邀請您在閱讀本篇前，請先思考一個問題：

Q 一般來說，在生活中，您習慣直接說出自己的需求嗎？還是用其他表達方式包裝自己的需求？

二〇一七年十二月底，我們家族一起去捷克旅遊、跨年。

在捷克的高速公路上，發生一件事情。我有一雙靴子，在台灣平常很少穿，想說這一次終於可以派上用場了！前一天需要走路的行程頗多，我一直覺得右腳不舒服，於是跟旁邊的夫人說靴子不太合腳。她說是因爲長途坐車的關係造成腳脹，因爲她就是這樣，斬釘截鐵地說肯定不是靴子的問題！

要出國前，我準備一批要淘汰的舊襪子，是一位朋友教我的習慣。他說每次出國就把舊的內衣褲與襪子帶著，邊玩邊淘汰，行李就會愈來愈輕，就可以有愈來愈多空間裝新買的紀念品。前天，我們的導遊說湖邊會很冷！被她一嚇，我怕不暖，於是穿上新襪子。

今天，換了一雙舊襪子，舒服了。這才恍然大悟，昨天原來是新襪子不合腳！太小！太緊！不是靴子的問題！於是我很興奮地稟報夫人，但她老人家還是說是因爲長途坐車造成腳脹，因爲她就是這樣！

夫人沒有錯！

她用自己的經驗解釋我的問題。

往捷克溫泉之鄉卡羅維瓦利（Karlovy Vary）的路上，坐在巴士看著一望無際的休耕農地，我覺得這次「靴子與襪子」是個好故事，於是寫下這一段。這個故事的啓示有二：

第一，很多時候遇到問題時，我們過去的經驗讓我們聚焦在「靴子」，一旦認知聚焦就很容易卡死，忘了還有「襪子問題」，經驗有時候會阻礙我們看問題的角度。老實說，一開始我也認爲是靴子太小或腳脹的問題，但如果我就一直穿新襪子旅遊，接下來的行程肯定難爲腳丫子。要不是隔天換回舊襪子，眞相就無法大白，冤枉了我的腳，也冤枉了我的靴子，眞凶也就逍遙法外。於是，如果下回與友人出遊，他遇到類似的問題，我也會斬釘截鐵地說不是靴子的問題，而是因爲長途坐車造成腳脹，因爲我也是這樣。

第二，別人根據「自己的經驗」給你斬釘截鐵的建議，也沒錯，可是你知道「事情」不是他說的這個「樣子」，進而辯駁「襪子不合」還是「腳脹」，引發「誰對？誰錯？」的輸贏問題。於事無補不打緊，還傷了度假的情緒，何苦？

二〇二二年的春天，無憂花學堂千江明月系列課程邀請鄺麗君老師分享《非暴力溝通》（*Nonviolent Communication: A Language of Life*）。課程中，心理學家馬歇爾．盧森堡（Marshall Rosenberg）博士有這麼一段提醒：

我們可能會以論斷他人的方式，
表達自己未滿足的需求，
但這種方式並不能達到效果。

馬歇爾博士認爲，如果暴力指的是會造成傷害的行爲，生活中許多習以爲常的溝通方式，其實就是暴力性的。換言之，我們不自主地說一些暴力的語言，傷害他人的語言，只是爲了滿足自己的需求，可是這種溝通方式，極可能造成情緒對立，進而引爆衝突。馬歇爾博士提醒我們，少一些主觀評論，生活與工作就可以比較和平，畢竟，當我們忙著批評別人時，就沒空愛他們了。

東方也有這樣的智慧，我們常常不自主地在家庭與生活中，想要得到更多認同，這種想要得到他人認同的心態，隱藏著一個「我愛執」。我愛執很像「賊」，它鬼鬼祟祟地躲在我們體內，有時候它會公然顯現，有時候又會躲起來操縱我們的一言一行。

尤其，當我們覺得自己是對的時候，我賊就得到了能量，它會慢慢地從鬼鬼祟祟演化成公然論斷他人，你看！我們是對的，別人是錯的！於是，念怨與指責就是接下來的劇情。小則親友疏遠，大則引發戰爭！家庭如此，國家也是如此。日常老和尚有句給世人的警世之語：

六祖大師不是說得很清楚嗎？「若眞修道人，不見他人過。」①

所以，我賊喜歡看到他人缺失（觀過），好讓自己有更多能量。這種強烈的自我意識，在是非對錯的評論與爭執中，會讓自己忘了我們要的是「幸福」而不是「對錯」。我賊也喜歡道德優越感，那種以上對下的語言與態度就是暴力溝通的溫床，太多「應該」讓親情疏離，太多「你錯了！」讓多年的友誼破裂。

隨著年紀增長，我漸漸可以體會「雄辯是銀，沉默是金」的內涵。如果開口說不出好話，那就盡量別說，二〇一七年的捷克之旅非常愉快，看看臉書記錄的相簿，都是美好的回憶。文末，眞要說我過去這幾年，在學習的路上有什麼具體的心得，是有這麼一條可以分享的——

跳脫輸贏，

看見幸福。

See the good.

①本段文字摘自《菩提道次第廣論》舊版手抄稿第五冊二一六頁。

邀請您閱讀完本篇後，觀察與思考一個問題：

Q 觀察身邊的親友喜歡評論嗎？觀察身邊的親友會直接說出自己的需求嗎？請試著觀察周邊親友說的話，主觀的看法（觀點）比較多，還是客觀的具體情況比較多？

今天，做了什麼好事？

今天，看到了哪些美好的人、事、物……

今天，要眞心感恩的三件事……

第二章

幸福人生的大陷阱

這樣說，我想得到什麼？

邀請您在閱讀本篇前，請先思考一個問題：

Q 何謂效率？何謂效果？如果兩個都重要，哪一個優先？

民國六十八年，我念大學一年級，是中原大學企業管理系的新生。第一堂課講的概念就是，什麼是效率？什麼是效果？

產出與投入的比率高者就是比較有效率。

假設我跟淑玲兩個人說好，做一個小時，看誰做得比較多？她做一百二十個，我才做一百個，所以她的效率高出我百分之二十。因爲固定「投入」之後她的「產出」比較多，所以她的效率比我高。又或者說，我們固定產出，看誰的投入比較少？例如，我們講好兩人都做一百個，她只要五十分鐘就完成了，而我要六十分鐘，她付出的成本比較低，時間比較少，她就是比較有效率。

目標達成率高的就是比較有效果。

什麼是效果？能不能解決問題或達成目標？談的是目標達成率。所以你會發覺，效率是「產出與投入的比率」，效果則是「目標達成率」。這是不一樣的概念，也是重要的概念，再強調一次，效果談的是目標能不能達成、能不能解決問題。

再追問一個問題，請問效率優先還是效果優先呢？一九七九年，當時最有名的世界級管理大師彼得・杜拉克（Peter Drucker）講過一句金句，至今四十餘年，很多企業經理人也常常在講，他說：

做對的事情比把事情做對更重要。

「做對的事情」就是做有效果的事，做可以達成目標或解決問題的事。什麼叫「把事情做對」？就是做得有效率一點，更快、更多或更省錢一點。能夠釐清這個概念，在企業經營上很重要。有一些企業經理人這樣形容，「做什麼」是企業經營的戰略問題，「如何做好」是企業經營的戰術層次問題。仔細思惟，這些概念也適用生命與生活的經營。

在人生經營中，我們有什麼目標（需求）？做什麼事情能夠滿足目標？這個叫做效果，因爲跟目標達成率有關。接下來，思惟怎樣把它做得更有效率？我們每一個人都是自己「生命有限公司」的總經理，比如說，黃福智同學就是「黃福智生命有限公司」的總經理，幸福應該永遠都是我們人最終極的目標，黃福智在經營自己一生的幸福。

如果我們用企業經營的角度看待自己的生命，把負面的情緒當作「費用」，把正面的情緒當作「收入」，當正面情緒多於負面情緒時，我們有「幸福盈餘」。反之，長期的負面情緒大於正面情緒時，可以被看成是一種「幸福虧損」。這個思路可以提醒我們反思，身爲一個總經理，我們有什麼作爲可以創造更多的「幸福盈餘」？增加正面的情緒？減少負面情緒（生氣或憂鬱）？還是，忽略或壓抑情緒直至破產？

每個人都希望能夠幸福，這是不會變的！那麼，做什麼？就是效果的問題；怎麼做？就是效率的問題。人生問題一大堆，一碰到問題，通常有很多方案可以選擇，我們要先問哪一個方案對幸福增長最有幫助？先確定有效果的方案，再來決定如何有效率地執行。

多年前，我要去台北工作，那時台中還沒有高鐵，所以常常禮拜一一大早，我家夫人就要開車載我到台中火車站，那時台灣地表最快（有效率）的交通工具是台鐵的自強號，停的站最少速度也最快。

有一次我早上五點起床，精神不佳、迷迷糊糊，坐上了自強號，馬上又回到睡眠狀態，然後，突然聽到列車長在廣播：「彰化到了，彰化，彰化要下車的旅客……」。我坐上台灣最有效率的交通工具，結果離目標愈來愈遠，類似的這種事情，在我們生命成長過程中很常出現。

如果幸福是我們的目標，那麼賺錢就是手段；如果你把賺錢當成人生目標，你會慢慢發現你的錢雖然愈來愈多，可是幸福感並沒有增長。釐清目標與手段，提醒自己在工作與家庭生活中能夠不失幸福的宗旨，雖然財富增長的速度比較緩慢，但總是朝向人生的終極目標——幸福。接下來討論一個問題：

碎碎念（抱怨）通常有沒有效果？

估計百分之九十九的人都說沒有效果，因爲大家都非常有經驗了。可是，爲什麼我們還是一直講？問問女性夥伴，妳念妳老公，念了那麼多年，他有改嗎？再問問男性夥伴，兄弟，誠實地問一下自己，你老婆念你念了那麼多年，你有改嗎？小朋友教養也是一樣啊！諸位不覺得我們對小孩子嘮叨時，每次講的就是那幾樣嗎？而且已經念了十幾年了。

爲什麼會一直講沒有效果的話？

有人說：「江老師，我就是想發洩一下，不念我受不了。每次都看到襪子又亂丟，內衣又不放進洗衣籃裡，叫他晾個衣服，拖拖拉拉的，念完心裡比較舒服一點，再來就可以好好處理事情了。」

剛開始會覺得這個說法好像有點道理，但如果仔細想，會發覺，當一個人正在用念怨的方式處理問題，從某個角度來說，就已經不是在解決原先的問題，而是在解決自己的情緒罷了。以小孩子的課業爲例，當家長用同樣念怨的方式指責他時，小孩子有達成父母的目標或需求嗎？或是妳老公有抽菸的壞習慣，已經跟他講了N遍，多少年了，他有戒菸嗎？

難道老公不知道抽菸有礙身體健康嗎？他也知道啊！但話說回來，當年你們談戀愛時他就抽菸了，不是嗎？那時候妳趴在他的胸膛，還會說我喜歡你身上淡淡的煙草味，結了婚之後就說：「哎呀！好臭！到外面去抽，到陽台去，出去，出去，出去，不要在家裡抽菸。」老公還是沒有變，對吧？我要分享的是：

爲什麼我們常講沒有效果的話，而且講得那麼有效率？

我當年剛搬新家時，因爲公寓浴室沒有對外窗，所以需要用抽風機把濕氣抽出去。老婆一直告訴我，洗完澡要拖一下地，我的男人習性就跑出來了，浴室本來就會濕濕的，幹嘛要拖地？客廳拖地有道理，浴室有什麼好拖的？就這樣，她一直講，一直嘮叨，我就是不想拖。一段時間後，突然有一天，我發覺她不講了，但男生就是那麼奇怪的動物，發現她不講了，有一天我洗完澡，就很自然地開始拿起拖把拖地，好笑吧？

沒有效果的話一直講一直講，會有什麼效果？反效果。

有用的話，一遍、兩遍就有用，已經講了不知道幾百遍都沒有用，卻還在一直講，那就表示只會有反效果，只會有對立和對抗的情緒。有些男生也是嘮嘮叨叨，不管男生還是女生，建議大家：

沒有效果的話就別說了，
沒有效果的話一直說會有反效果。

爲什麼我們一直沒辦法達成目標？爲什麼一直都沒有解決問題呢？因爲我們沒有思惟過「效果」這件事，我們一直在「效率」裡打轉。任何時候，我們要念怨馬上就可以滔滔不絕，哇！講得非常有效率，可是就是沒效果，不是嗎？現在，我們知道——

念怨通常無法達成目標。

爲什麼人會一直講沒效果的話呢？我觀察到兩點。第一，忘記了目標，我們忘記要解決什麼問題，掉入了效率的陷阱。第二，我們不知道有什麼新方法。想想看以前的電視，只有三台黑白電視台的年代，不是都有天線嗎？小時候，有一次電視訊號模模糊糊時，叔叔就在電視的側邊拍一下，咦？就好了。從那時候開始，每次電視只要有問題，大人就這樣拍一下，小孩有樣學樣，拍到最後這台電視就這樣被拍壞了。當一個人不知道有什麼新方法時，就會一直重複舊方法，因爲這樣可以降低內在焦慮，可是依然無法達成目標。

舊方法通常只會得到舊結果

這個有業果道理的味道！因爲你的方法沒有變，結果通常就會一樣，如同父母念小孩子、另一伴，甚至抱怨主管。不管是在職場，還是家庭生活，如果都用同樣的方法，然後期望有新的結果出來，這是不合邏輯的。

生活中，當我們喜歡用念怨的方式去處理或改善問題時，就會掉入這個「幸福的陷阱」中，但不自覺。另外，我們這些爸爸媽媽很喜歡講道理、說教，順便提醒一下：

有效果比有道理更重要。

同樣的話，不同的人講效果不同。在一般家庭中，兒子跟爸爸講不通的，孫子去講就通了，這有什麼啓示？道理講得很好，可是沒效果，有用嗎？有很多親子之間的對立，不是講的話不對，是因爲情緒上已經對立了，講得就算再有道理，對方也聽不進去。

打從他（她）知道你要說教後，他（她）的心就關起來了。不要看他（她）現在乖乖坐在那裡，可是他（她）完完全全沒有聽進你在講什麼啊！但我們還是滔滔不絕地講。文末，想提供三個反問給諸位參考，對我而言，十分管用，下回又想用念怨、指責或批評來「解決問題」時，問問自己：

1. 這樣說，我想得到什麼？
2. 我有得到嗎？
3. 如果沒有，我有別的方法嗎？

最後，祝您幸福！

也祝您能讓身邊的人幸福！

See the good.

邀請您閱讀完本篇後，觀察與思考一個問題：

Q 請您觀察現在的生活中，哪些人有念怨（批評與指責）的習性？他們的念怨習性，最終有讓事情改善了嗎？還是讓事情更糟？

今天，做了什麼好事？

今天，看到了哪些美好的人、事、物……

今天，要真心感恩的三件事……

曉鈴的故事

邀請您在閱讀本篇前，請先思考一個問題：

Q 一般來說，生活中說到「改運」，最常聯想到或聽過的改運方法有哪些？

我曾經很喜歡打高爾夫球，高爾夫球是跟球友一起邁向同一個目標的運動，你打你的球，我打我的球。不像羽毛球或網球，不是你死，就是我亡；也不像籃球，在肢體上有很多碰撞。高爾夫可以一直打到八十幾歲，只要可以走路就可以打，高爾夫球被稱爲「運動之王」，其來有自。

有一天，我跟陳總到台中的清泉崗球場，與幾個朋友一起去打球、鍛鍊一下身體。陳總就在我準備開球時跟我講：「Michael！你能不能幫我找日文助理？」我說：「現在會講日語的很多，你在網路登一下就很多了，不用透過我。」他說：「沒有用，會講日語跟懂日本人是兩件事。」我回：「是這樣沒錯，如果要懂日本人，就要懂得日本文化，那就必須聘用在日本待過很長一段時間的人。」他說：「對啊！我的客戶也沒幾家，日本的幾個商社幹部來台灣總是要接待，可是會講日語，卻不懂得接待禮儀，常常弄得很尷尬。」「沒有請不到的人才，只有請不到的價格，那你出的薪資就要往上加。」我說。他說那沒有問題，我則答應他幫忙留意。

回家的路上，我就想到老蔡，老蔡也是我的球友。一般打高爾夫球的通常都會參加球隊，打球打熟了，就會私下串串門子。我想到老蔡他老婆——曉鈴，前一陣子說要二度就業，因爲小孩子都已經離家，夫妻倆才五十幾歲就面臨空巢期。兩個人住在一棟五樓的透天厝，家裡整個空空曠曠，曉鈴覺得很無聊，打算再找一份工作來做，重返職場。

曉鈴以前在日本待過很長的時間，想到她有意二度就業，我就想介紹給陳總。結果我跟老婆提到這件事時，她卻反對：「這樣好嗎？你不覺得我們每次去老蔡家串門子，曉鈴都在抱怨。」

回想一下，還眞是這樣，老蔡如果不在家，曉鈴在泡茶時就會一直說老公的不是；老蔡如果在家，她就會一直抱怨老蔡家那幫兄弟怎樣怎樣。事後追憶起來，發覺曉鈴眞的都在批評、抱怨。所以後來想想，負能量如此強，到時候介紹給陳總，把他的公司搞得烏煙瘴氣，如何是好？其實，只要我拉拉線，應該有八成的把握，曉鈴就有機會去陳總公司上班。

猶豫了幾天，我還是沒有介紹曉鈴去陳總的公司。不過她閒在家裡，沒有那份工作也餓不死，她只是想讓生活不要那麼單調乏味罷了。但她可能不知道，自己平日的言行阻礙了機會。

念怨（指責）通常無法達成目標，在家庭這個場域，搖著「我愛你」或是「因爲我關心你」的大旗，用負能量的語氣說話，隨處可見。我們再觀察一下職場，有些人習慣用念怨來當作改善現況的方法，或是改善工作環境或條件的手段，一邊苦幹，一邊碎碎念。根據我三十幾年的企業實務經驗，你不管跟同事抱怨公司或老闆什麼，到最後老闆都會知道。這讓人不禁懷疑，會不會有些人在職場生涯停滯不前，就是因爲沒有管住自己的嘴巴，進而讓自己喪失升遷的機會而不自覺？十年一晃，奇怪，我的主管怎麼都愈來愈年輕呢？

投資虧錢會痛，會想辦法改善。

少賺沒什麼感覺，不會檢討。

就拿這次曉鈴的事情來說，曉鈴「不自覺」喪失一個工作機會，這最可怕！企業經營少賺沒什麼感覺，習性依舊。同樣地，一個人如果不自覺自己喪失了機會，他是不會痛的。因此我們發現，習慣念怨的人無法達成目標不是最慘的，最慘的是他會不自覺喪失機會。

曾經有人問我：「江老師，刻印章可不可以改運？」我說：「這個我不知道，不要問我，我沒辦法評論。」「那改名字可以改運？」「我也不知道。」「那買紫水晶也可以改運嗎？」我說：「這個我也不知道，無法評論。」那麼多人想要改運這件事，讓我想到：

我說：「有一件事情肯定可以改運的。」

他說：「什麼？」

我說：「你的嘴巴。」「我覺得你的嘴巴就是你的風水。」

真的！我們的嘴巴如果能夠常常講好話，在生活與工作中，多用正向的語言，你自然而然就會吸引正向的能量。我個人非常喜歡吸引力法則帶給我們的啓示，如果你碰到事情，習慣聚焦在負面，內在自然會浮起負面情緒，進而引發負面的語言，最終，人際關係也就慢慢地疏離。

還有一個值得分享的概念，如果你不是負能量很強的人，建議你，也要提醒自己別太常跟負能量很強的人在一起，有可能你的幸福會被拖下水。還記得我跟小陳要到墾丁度假的故事嗎？小陳負能量很強，當他觀過念怨弄到夫妻吵架時，關我什麼事？可是我好好的假期就一起陪葬了，不是嗎？所以——

想要不幸福很簡單：

先挑缺失，

再抱怨，

肯定管用。

一個人之所以不幸福，

觀過念怨具有強大的解釋力。

See the good.

邀請您閱讀完本篇後，觀察與思考一個問題：

Q 在生活周遭，說到觀過念怨的習性，您會想到誰？他們的人際關係如何？您跟他（她）們的關係又如何？

今天，做了什麼好事？

今天，看到了哪些美好的人、事、物……

今天，要真心感恩的三件事……

以終為始的生活

邀請您在閱讀本篇前，請先思考一個問題：

Q 想像一下，如果您身處恐怖攻擊大樓中，知道這次無法倖免於難，手機是通的，請思惟一下最後的兩通電話，會想跟誰聯絡？說些什麼？

二〇〇一年九月十一日，發生在美國本土的一系列自殺式恐怖襲擊事件，蓋達組織承認發動此次襲擊。當天早晨，十九名蓋達組織恐怖分子劫持四架民航客機，劫持者將兩架飛機分別衝撞紐約世界貿易中心雙塔的一號大樓（北塔）及二號大樓（南塔），包含飛機上全體乘員和建築物中眾多人群在內，全球近九十個國家或地區的公民在本事件中罹難；兩座建築均在兩小時內發生漸進式倒塌，並導致臨近的其他建築被摧毀或損壞。除了五角大樓及聯航九三班機外，世貿現場包含劫機者在內，總共有二七四九人在這次襲擊中死亡或失蹤。①

那是非常恐怖的攻擊事件，假設你現在就在那棟大樓，你知道自己過不了這一關了，因為再怎麼跑，也不可能一下子跑完數十層樓。在這個當下，手機是通的，當你知道生命已經走到盡頭了，最後那兩通電話，你會想打給誰？

相信絕大部分的人都會打電話給家人，不是老公，就是老婆；不是爸爸，就是媽媽；不是小孩，就是兄弟姐妹。我想問的是，你會想打電話給你的仇人嗎？在數百場的實體講座中，我問與會的所有聽眾，沒有一個人會在生命的最後一剎那，打電話給仇人

①相關數據摘自維基百科。

說：「我快要死了，我恨你，我不會原諒你的。」

當然也有一些男生會打電話給太太說：「彰化銀行裡面我還有五百萬私房錢的定期存款，還有，妳要記得張三欠我兩百萬。」雖然有點好笑，但仔細思惟，過去的生命經驗告訴我們一件事：「死亡，會喚醒千千萬萬的愛。」當一個人知道死亡已經逼近時，他內心深處想到的不會是這輩子恨得不夠多，而是這輩子愛得太少。

當死亡突然站在自己面前，
絕大部分的人都會覺得愛得不夠及時與愛得不夠多。

我相信你應該能夠認同這個結論，所以這就是爲什麼，在佛法（東方的幸福學）的學習過程中，常常都會提到「念死」。念死是幸福的一個方法，當一個人能夠憶念到，如果我現在就死了，所有的憤怒、悲傷、嫉妒，所有這些負面情緒到哪去了呢？耿耿於懷的怨懟，有意義嗎？

死亡喚醒我們所有感官，
讓我們擁有迅速脫離執著的力量。

用九一一事件來跟大家討論，最主要的目的，是因爲沒有人在臨終時，會嫌自己這一生恨得不夠多！腦神經科學家說，在生活中不斷練習觀過念怨，你的大腦會彷彿有個操場，負向心靈肌肉（或稱神經位元）就會愈練愈強大，當強大到某一種程度時就會生病，很多心因性的憂鬱症，有一部分的原因就是自己練出來的。長期負向思惟，最後發現靠自己的力量脫離不了、僵固了，那時候就眞的需要靠藥物來協助。

想讓自己不幸福很簡單，
先挑缺失，再抱怨，肯定管用！

有沒有可能不管用？截至目前爲止，我沒看到不管用的。大部分的人只要想讓自己不幸福，就這樣一直操作就好，到每個地方就先挑毛病，對人如此，對工作環境也如此，然後嘴巴再念上幾句，馬上就能讓自己不幸福。當然你可能會笑說：「江老師！我們是要來學習幸福，不是學習不幸福的。」

我當然知道啊！但如果你換個角度思惟，就算你沒有學到幸福密碼是什麼，你光知道不幸福的密碼就是觀過念怨，讓自己的生活不掉進這個陷阱，其實就已經離幸福很近了。

被怨恨的人沒有感覺

再說，當我們自己處在觀過念怨的狀態時，往往被我們怨恨的人是沒有感覺的。記不記得之前有說過，看別人的缺失，別人不一定受害，自己先受害。想想看，上一次失眠是不是這樣？你一直想：「怎麼會有這種人？他爲什麼要這樣說我？我根本就沒有那個意思……」你睡不著，然後很生氣，可是那個人睡得可香了。

如果從理性的角度來看，假如怨恨一個人，對方會難過，那我覺得在理性上是可以接受的。只要我們一恨，他就會肚子痛，那就管用，我們就應該要這樣練。可是情況不是這樣，怨恨他人沒用，他還是一樣過得很幸福，反倒是我們把自己弄得傷痕累累。

所以自己喝毒藥，希望別人難過這件事，不合邏輯。不管從理性或感性的角度來看待自己的生活，你都會發現一件事：從「以終爲始」來看，觀過念怨造成的不幸福感，其實沒有必要，你只是在爲難自己而已。對別人不滿就是爲難自己，因爲我們改變不了別人。如果我們可以改變別人，這個世界怎會如此風風雨雨，恩恩怨怨這麼多。

See the good.

邀請您閱讀完本篇後，觀察與思考二個問題：

Q 回憶過去的生命成長經驗，我們曾做過哪些錯事，不管是不是故意，或是直接或間接造成別人的傷害與痛苦？請在內心感恩那些不追究我們過失的人，對他們說聲「對不起，謝謝你！」

Q 電影《一代宗師》中，宮二有句深情的告白：「要說人生無悔，那是多麼無趣啊！」假設我們知道自己即將離開人世，回首自己的一生，會後悔的事情是什麼？

今天，做了什麼好事？

今天，看到了哪些美好的人、事、物……

今天，要眞心感恩的三件事……

對立的溫床

邀請您在閱讀本篇前，請先思考一個問題：

Q 在成長的歲月中，如果有心事想找人說，您會找誰？為什麼？

東方老祖宗留下來的智慧，告訴我們一件事情，人際與親情的疏離、婚姻的斷裂，觀過念怨通常有極高的解釋力。我們不自覺地用批評與指責，去面對生活中最重要或最親近的人。《非暴力溝通》一書中，馬歇爾博士特別指出我們習慣用評論（批評）來表達意見。但評論並不是事實，而是我們加工事實所形成的意見。

我們很容易把評論（批評）當作是事實，並要求別人也接受。

在評論所塑造的關係中，評論者和被評論者的關係是不對等的，評論者總是高高在上。當評論與指責引發情緒對立後，哪怕你是對的，對方也知道，但就是聽不進去。

我們思惟一下，到底負向語言是怎麼學來的？親子教育專家陳志恆心理師曾在無憂花學堂的分享中提到，負向語言大部分都是從原生家庭傳下來的。因此父母親如果想翻轉家族後代的生命品質，得從自己身上下手，不再複製上一代不當的管教方式，不要用念怨當作管教孩子的方法。

常聽人說：「我們以前也是被打罵長大的。」小心啊！這個在科學研究裡叫作「生存者偏差」①，你是存活下來了，可是因爲被打罵毀掉的小孩你沒看到。志恆老師表示，被打罵教育毀掉的親情在校園中屢見不鮮，所以用自己的個案經驗推論說我也是這樣被打大的，沒事，是很危險的推論。有多少人被打壞掉了？有多少人被家庭暴力的語言給毀了，一輩子都活在陰影當中。

因爲是親人我才這樣講你！

對別人、陌生人不會這樣，對家人特別狠，這樣的方式所管教出來的小孩很可能沒有自信，更糟的是他會複製下去。甚至等他長大了，經濟條件比較好的時候，那時我們老了，他反而會回嗆我們。爲什麼？因爲他在我們身上學到的，他認爲這就是「愛的語言」。

我相信你應該能夠體諒上一代也不知道要怎麼當爸爸媽媽，他們的教養行爲是源自於阿公阿嬤怎麼做，家庭的教養行爲一直在複製，一代一代地往下傳承。我們的負向語言（念怨）是哪裡學來的？你應該知道答案。那要怎麼做，告訴自己：

---

①維基百科：生存者偏差是一種邏輯謬誤，選擇偏差的一種。過度關注「倖存了某些經歷」的人事物，忽略那些沒有倖存的（可能因為無法觀察到），造成錯誤的結論。

不幸福有一個關鍵成功因素②，
觀過念怨。

以前學生時代，你喜歡某位老師，那位老師教的課，通常你成績都比較好。或者你很討厭某位老師，他教的那堂課，你的成績通常比較糟糕。爲什麼用這個角度去看一下自己的過去呢？因爲我們常忽略：

關係好通常比較有影響力。

師生關係如此，親子關係也是如此，如果我們希望對他人影響力好一點，那與他人建立好一點的關係是很重要的前提條件。有好的關係，我們就有影響力，如果你跟他的關係不好，你就很難影響他。現在，小孩年紀小、經濟不獨立，在強壓式的管理下，他是屈服了。可是一旦他念大學或出社會工作，我們對他的影響力就愈來愈小了。

觀過念怨是對立的溫床

觀過念怨很容易造成人際間的對立，如果你常常看不到自己家人的優點，一直指責對方，雖然全天下的人都知道你是爲他好，可是眞正的問題是他感覺不到。所以當你觀他的過、念他的怨時，這種批評與指責會造成孩子的情緒與情感與我們對立。我們講的再有道理，他還是聽不進去。我們自己的成長經驗不也是這樣子？

請大家想一下，學生時代有心事，你會找誰說？你想到的那個人，某個角度就是你信任的人，會與你站在同一邊的人。也許是閨蜜、父母或同學，不管對方是否有能力協助你脫離困境，但你願意跟他（她）說，是一種安全的感覺，對吧？

換個角度問，

我們的小孩（家人）有心事會找我們嗎？

這是很好的心靈作業，我們的小孩有心事會找我們談嗎？如果小孩子有心事不會找我們談，我們與他（她）心的距離是怎麼拉遠的？跟我們說心事缺少信任或安全感嗎？

---

②關鍵成功因素（Key Success Factor，KSF）是一九七〇年由哈佛大學教授 William Zani 提出的，關鍵成功因素是在探討產業特性與企業戰略之間關係時，常使用的觀念，是在結合本身的特殊能力，對應環境中重要的要求條件，以獲得良好的績效。本文借用這六個字形容至關有效的作為。

我們與他（她）生活的日子愈來愈長，可是他不願意跟你分享他的心事，他反而找誰？找他的同學，可是同學的能力與經驗差不了太多，能幫多少忙？但他覺得同學不會批判與指責他，會跟他站在同一邊、同一國，不會對他指指點點。在家庭裡常看到觀過念怨的溝通習性，在職場也一樣。我們常看到有一些強勢的主管不自覺陷入對錯的權力遊戲中，我是對的，你是錯的！團隊因此貌和神離，離職率居高不下。

也許有人會問，難道就不用管教嗎？難道他做錯事了，就不管嗎？從我們的經驗發現，如果我們眞心想要管教或幫助他（她）的話：

不對立不是不管教，

不對立才是有效的管教手段。

讓對方覺得我們與他（她）同一邊，在情感上有信任與安全感才會有影響力，如同當年你喜歡的那位老師對你有影響力一般。所以，不對立才是有效的管教手段，反而一旦對立後，你想要挽回就難了。職場也是如此，如果我們在職場中，習慣用抱怨當作改善問題的手段，著名的心理學家阿德勒有一句名言可以解釋這種情況：

你一直抱怨又不離開，
那表示現在挺舒服的。

請用自己的名字講一遍：「宏志，你一直抱怨，卻又不離開，那表示現在挺舒服的。」我們一直抱怨又不離職，那表示現在挺舒服的。第一次聽到阿德勒這句話，有如暮鼓晨鐘。你一直抱怨又不離婚，那表示現在挺舒服的。

我們沒有膽識改變，勇敢走出去面對不確定的環境，於是用觀過念怨來發洩情緒，降低焦慮感。嚴格來說，「我們行爲的解釋力」強過「我們的語言」，我們沒有離職，代表現狀還是可以接受。我在企業界見過一直念怨的資深員工把新人都嚇跑了，以便凸顯自己的忠誠度。哈！既然選擇待下來生活，又不滿意現狀，除了念怨之外，難道沒有其他的方法嗎？有的！這也是本書想要分享的幸福密碼。不過話說回來：

如果知道自己坐車坐錯方向了，
下車就是進步。

See the good.

邀請您閱讀完本篇後，觀察與思考一個問題：

Q 學者專家表示，我們很多的無意識語言與行為都源於原生家庭。如果試著客觀評估自己，請問自己哪些特質或行為與父母一樣？如果您有小孩，我們的教養行為有複製上一代的現象嗎？

今天，做了什麼好事？

今天，看到了哪些美好的人、事、物……

今天，要真心感恩的三件事……

第三章

你的注意力在哪裡？

真正的發現之旅

邀請您在閱讀本篇前，請先思考一個問題：

Q 日常生活中，面對同樣的人事物，您有前後不一樣的經驗嗎？例如以前很喜歡吃披薩，後來不喜歡吃。或是以前很喜歡某位明星，現在不喜歡了。

二〇〇八年有一場金融風暴，還有印象吧？

那年，股票、債券市場大跌，跟台北的朋友聚餐時，大家都垂頭喪氣。我從事證券金融也有一陣子，當時走進餐廳，正準備要開口的時候，現場的人就會立即說，沒有百分之五十，請你不要講。也就是說，大部分的人，資產都是腰斬的。可是話說回來，只要大家長期持有，其實全部都會回來，而且還翻倍。

二〇〇八年那場風暴，讓很多中小企業主關門了，我有位要好的大哥經營成衣製造廠，也歇業了。後來，他得到消息，聽聞柬埔寨是勞力非常低的國家，一個正在開放中的社會，朋友建議他過去設廠。他過去一陣子後，在二〇一〇年時，他需要一個幫手從零開始建廠，便邀請我過去協助他，我與這位老大哥感情不錯，就答應他去了金邊。

台商到一個陌生的環境裡生活，真的非常辛苦，一切從零開始。那年，金邊的基礎建設還不行，路況與路燈都在建設中，尤其電力不足，工業區一旦熄燈，整個就烏壓壓地像死城，考慮到治安問題，晚上我們不怎麼出門。台商出外打拚都會帶一些家鄉的食物，當時柬埔寨金邊的海關沒有那麼嚴格，所以我們要帶什麼過去都可以，我們最常帶的就是泡麵。

有一次我帶了一箱泡麵過去，隔沒多久，台灣朋友來我辦公室，都會問：「江總，有泡麵嗎？」「在那裡，自己拿！」結果那一箱我還沒有吃，就這樣陸陸續續快被拿光了，我一看剩沒幾包，突然想說，我的天啊！這是我準備要過半年的家鄉食物，不行！再這樣下去的話，三更半夜又不能出門，想止飢，怎麼辦呢？

我這輩子第一次藏泡麵，
竟然是我在金邊當總經理的日子，
人間美味啊！

三更半夜在廚房燒個熱水，沖一碗泡麵，整個房間瀰漫著家鄉的味道。男生食量比較大，一碗麵根本不夠，還會打一些白飯，簡直是人間美味啊！

當金邊工廠流水線全部架好，工人到位，接單生產順利後，二〇一二年我就回台灣從事老本行，在台中科學園區、高雄工業區或中南部的企業擔任企業顧問與授課。有一次在企業輔導時，一忙過了用餐時間，外面又下著大雨，我問那位協理說：「陳協理，肚子餓了呢！有東西吃嗎？」他說：「沒有呢！」我說餅乾什麼都好，他說：「啊！江老師，有泡麵！要嗎？」

好吧！那就吃泡麵吧！那天吃著那碗泡麵時，我就有一種很奇怪的感覺，想起當年在柬埔寨金邊藏泡麵的日子，那時的泡麵是人間美味，可是回到台灣吃就不怎麼樣了。哈！我那麼有錢幹嘛還吃泡麵?!

泡麵有沒有變？

泡麵沒有變！

爲什麼我吃起來感覺不一樣呢？

那可是標準化的產品啊！同一個牌子，內容一模一樣的東西，爲什麼嘗起來味道會不一樣呢？我相信每個人在生活當中都有過這種感受，對吧？

再分享一個故事，無憂花學堂其實就是一間企管顧問公司，常接企業教育訓練的課程或企業的輔導案。有一家上市公司的老總，多年來都會將公司每年的教育訓練計畫，固定撥一個預算額讓我們去執行。熟了之後，在私生活上，大家比較有來往。有一次我接到他的電話：「麥克，有空嗎？我小孩音樂班成果發表會，想請你陪我一起去聽。」要去嗎？當然要去啊！人家每年都撥預算給你，更何況大家都熟了。

不知道你有沒有聽過小孩子拉小提琴，小孩剛開始在學的時候，因爲音扣不準，拉起來眞的非常難聽。也不知道怎麼回事，他們每次都會拉出那種不協調的半音，常常讓我雞皮疙瘩都起來。第一個節目才剛開始我就很難受，因爲就像魔音穿腦一樣，我看一下手錶，天啊！還有九十分鐘！當我如坐針氈時，我轉過頭去看旁邊那位總經理，如癡如醉！他不光拿手機在拍，還帶了長鏡頭的單眼相機，又架了一台攝影機在錄影。當然你會說，他是因爲他小孩在上面表演啊！不是的，他小孩還沒出場！我就笑著跟他說，你腦子進水了嗎？這麼難聽。他回說：「哎呀！你不覺得小孩子很可愛嗎？可愛極了！」他很開心地在享受難聽的音樂班成果發表會，我很難過地在看音樂班成果發表會，希望早點結束。

明明兩個人都在看同樣的舞台，

爲什麼兩個人感覺不一樣？

泡麵的故事是指同一個人面對同樣的泡麵，吃起來前後感覺不一樣，在金邊吃泡麵是人間美味，回到台中吃泡麵卻覺得委屈。這一次，兩個不同的人，面對同一個舞台，我是度日如年，他是如癡如醉。關鍵在哪裡？關鍵在聚焦不一樣。我聚焦在不協調的半音，我聚焦在這麼糟糕的演奏技巧，心中喃喃自語，你要練好再來，這樣不是自曝其短嗎？至於這位老總，他看小孩子認眞學習，即使犯錯也覺得是很可愛的表演。因爲我們兩個人的聚焦不一樣，我們兩個看似在同一個空間裡，其實是在兩個世界。

你的注意力在哪裡，你的世界就在那裡

在企業界，同樣一個新制度公告下去，有些人開心，有些人不開心。因爲每個人從自己的需求出發，各自關注的焦點不一樣，情緒也就不一樣。我們愈來愈接近幸福的核心了，我相信這句結論你不容易忘。把那個「你」改成「我」，再念一遍：我的注意力在哪裡？我的世界就在那裡！我的注意力在不好的地方（No good），我的世界就在不好的地方；他的注意力在好的地方（Good），他的世界就在好的地方。

日常老和尚開示的上聯說：「**看別人的缺失，別人不一定受害，自己先受害。**」我坐在舞台下看音樂班成果發表會，舞台上的人有受害嗎？沒有！可是我自己先受害。就如同在企業界授課時，我發現有些人是被派來上課，光看他走進教室的樣子就知道他很不甘願來。等我授完課簽收鐘點費走人，他卻爲難自己三個小時，因爲他一直聚焦在爲什麼是我？一旦我們聚焦在No good，就快樂不起來。所以，別人不一定受害，自己先受害。

再從反向的角度來看，觀功就是正向聚焦，日常老和尚開示的下聯說：「**看別人的功德，別人不一定受益，自己先受益。**」當我們講「功德」時，我曾經去查這個字詞

的內涵，其實「功德」這兩個字是集合代名詞，就是「好」的意思。我隔壁的那位老總就是這樣，他看舞台上那些好的（Good），他有幫助到舞台上的人嗎？沒有。舞台上的人，老師緊張，小孩子六神無主，他幫不上忙！可是他幫到自己，他讓自己這九十分鐘非常快樂。

二〇一二年，我自福智企業主管生命成長營學習「觀功念恩」之後，有一次，在美國心理醫師協會的網路頁面中，發現西方的科學家認爲，要學習幸福有一件事情是一定要做的，原文如下：

Train your mind to see the good in every situation.

「訓練自己的心智，不管在什麼狀況下，都要看到好的。」我發覺這跟佛陀兩千五百多年前留下來的智慧竟如此雷同，而且科學家是用科學的實驗去證明這件事情，佛陀則是證悟出來的智慧。一個人要幸福就是要訓練自己的心智，不管在什麼狀況下，你都要能夠看到好的、聚焦好的，「See the good」，「觀功」其實就是幸福的密碼。同樣的生活環境，有人快樂，有人不快樂。不知道你有沒有發現——

新冠疫情之前，會快樂的是這群人，不快樂的是那群人。
新冠疫情來了，會快樂的也是這群人，不快樂的也是那群人。
如果「那群人」能夠好好地去思惟一下，奇怪了，爲什麼「這群人」會依然幸福地過日子？「這群人」聚焦在哪裡？會不會我們聚焦錯誤呢？還是我們自己訓練不足？或許，在學習「觀功」道路上，我們比較可以體會下面這句話：

眞正的發現之旅不是尋找新的風景，
而是擁有一雙新的眼睛，
一雙發現美的眼睛。①

See the good.

---

①本句改編自法國作家馬塞爾．普魯斯特（Marcel Proust）說：「真正的發現之旅不在於尋找新大陸，而是以新的眼光去看事物。（The real act of discovery consists not in finding new lands but in seeing with new eyes.）」

邀請您閱讀完本篇後，觀察與思考一個問題：

Q 請造句練習，從早上起床到現在，請問您有看到哪些真善美的人事物？例如：我看到「小孩今天幫我洗碗」。請練習造三句。

今天，做了什麼好事？

今天，看到了哪些美好的人、事、物……

今天，要眞心感恩的三件事……

那台白色寶馬的故事

邀請您在閱讀本篇前，請先思考一個問題：

Q 網路上流傳張忠謀先生送給朋友一幅書法，寫「不思八九」，大意是人生不如意之事十常八九。「常想一二，不思八九」比較快樂，您認同這個觀點嗎？

先從兄弟會開始講起，男生喜歡聚在一起，天南地北地聊聊天，日子久了，總是會有幾個比較聊得來，在一起聚餐。剛開始聚餐時，我們沒有約定不可以帶太太一起來，後來，有一位兄弟提議：「有些時候，有人帶伴，有人沒帶，只要有一位女士在場，兄弟吃飯聊起天，都彆彆扭扭，本來想要發洩幾句老婆的壞話都不敢講，要不要以後兄弟聚餐統一不帶伴。我們約定一年一次全體帶伴，大家要帶一起帶，其他時間就我們兄弟聚一聚就好！」

這個提議馬上引起共鳴。其實這群人都很簡單，來這邊念一念之後，回家也是乖乖的，可是他在這裡得到紓解，因爲跟大家比一比後，就覺得自己其實過得不錯了，還有比自己更慘的。另外，爲了回饋社會與培福，每一次兄弟聚餐，出席的都要出一千元捐給公益慈善團體。這樣行之有年後，有一次我在兄弟會上，聽到一個故事：

一位中小企業主，陳董，前一陣子因爲接到一筆大訂單，所以賺了不少錢。他一生中，最希望的就是擁有一台白色寶馬（BMW），所以那次訂單做完後他很開心，就去訂了一部，配備也頂級，估計三百萬跑不掉。

沒多久，陳董帶女朋友去吃飯，吃完飯從餐廳走出來時，他往左邊一看，突然間血壓一下子就衝上來，因爲那台白色寶馬不見了。他說那時瞬間有一把火從底下升起，快爆炸了，就是整個人快不行了，開沒有幾天的車，三百萬，被偷了！

故事講到這裡時，兄弟們都笑翻了，想說到底接下來是發生什麼事，後來他跟女朋友就往停車的地方走，女朋友的眼睛比他利，還沒有走到就看到地上有粉筆字，說：「唉呦！你的車子是被拖吊啦！不是被小偷偷走啦！是拖吊啊，你看看下面，你違規停車啦！」那位兄弟說：

> 一瞬間好像有個大冰桶從他頭上倒下來，
> 清涼無比。

我們常常聽到「清涼」這兩個字，反面的意思就是燥熱，什麼是燥熱？就是煩惱熾盛、情緒翻攪，清涼就是平靜或身心安頓。陳董說他看到車子不見時，整個人快爆炸，那時候是燥熱，然後突然看到，啊！原來是拖吊，罰款一千兩百元就可以解決，咻！清涼無比。

事後我回想這個故事，如果當時的狀況，是他的車子剛好就停在餐廳的正門口，假設他在第一時間就看到地上有粉筆字，也就是他第一時間就知道車子是被拖吊，以陳董的草莽個性，只要看到車子被拖吊，肯定破口大罵。多少錢？一千兩百元。可是這次他往左邊一看的當下，以爲是三百萬的事情，回過頭來，當他發現原來是一千兩百元的時候，他突然覺得清涼無比。很妙，對吧？直接看到粉筆字，一千兩百元，燥熱；以爲被小偷偷走，再看到一千兩百元，清涼無比。這是什麼概念呢？

沒下過地獄，不知道現在是天堂。

練習看到美好的人事物，看到世界的眞善美，我們心情自然就愉快，因爲你聚焦在正向的、美好的。不一定要跟人有關，譬如說，看到今天傍晚的陽光，太美了，簡直就像黃金城。爲什麼要練習？因爲看到美好的東西，心情就會好。

現在的問題是往往「人生不如意之事十之八九」，我們常聽到也常講這句話，所以在不如意的事發生時，如何觀功？我覺得陳董違規停車被拖吊的故事凸顯一件事，有些時候，你以爲很糟糕，其實還有更糟糕的。更糟糕的事情先發生，你就會發覺現在這個根本就不糟糕，因爲你下過地獄了，所以現在就像身處天堂。

生活中，我發覺常講「還好」這兩個字的人，通常都比較幸福。

有沒有注意到那些很樂觀的人，每次碰到不愉快的事情時，常常會講「還好」，這個「還好」讓我感覺，他已經看到「好」。打個比方，小孩子騎腳踏車跟人家發生擦撞，這個時候，家長接到電話時，緊張地問人有沒有怎樣，知道人沒事時就會說：「還好，人沒怎樣。」面對已然發生的事，也就是不可改變的事，「還好」這兩個字就代表人們聚焦在正面（good）。這裡有一個很重要的觀念，想跟大家分享：

> 當我們無法改變現狀，
> 就改變自己的想法，
> 對自己有利。

這句話，解析成一個前提、一個方法與一個目的。

前提：當我們無法改變現狀。

方法：改變自己的想法，其實就是轉念。

目的：對誰有利？對自己有利。

在練習觀功裡，「還好心法」這一塊是幸福力的重中之重，如果練得好，威力強大。畢竟不如意的事情常出現在生活中，讓我們有一個思路去扭轉它，讓自己正向聚焦，讓自己遠離燥熱。從企業界的實務觀察，要有好的決策品質，先要有冷靜的情緒。回憶過去的成長歲月，讓我們後悔的選擇，不都在燥熱的情緒下做出的選擇？

Train your mind to see the good in every situation.

See the good.

邀請您閱讀完本篇後，觀察與思考二個問題：

Q COVID-19 是冠狀病毒（SARS-CoV-2）所引起的傳染病，主要會引起發燒和咳嗽等症狀，一般是藉由飛沫和接觸的途徑傳染。現在請練習對新冠病毒觀功。

Q 接下來的七天，請每天練習觀功（還好心法），請用下列句型造句。

雖然……但是……

雖然……還好……

今天，做了什麼好事？

今天，看到了哪些美好的人、事、物……

今天，要眞心感恩的三件事……

痲瘋病的啟示

邀請您在閱讀本篇前，請先思考一個問題：

Q 回憶過去的成長歲月，自己曾經生過什麼病？這個病在發病時有什麼症狀？

不知道大家有沒有聽過「痲瘋病」，以前在電影裡，會看到痲瘋病的病人長很多肉瘤，長相都很醜陋，或是說嚇人，這是我們殘留的印象。過去，由於痲瘋病導致人的外貌有巨大改變，因此人們認爲痲瘋病是危險的不治之症，但因二十世紀新藥的發明，痲瘋患者可被治癒，現今病例相當稀少①。

痲瘋病的病人痛覺會消失。在早期的歐美國家裡，一般得到痲瘋病的人，有很多是生活在社會的底層，例如像礦工。

正常人會有痛覺，譬如一拿到燙的東西，手就會馬上有反射動作，但那些染病的礦工在隧道裡工作時，因爲沒有痛覺，所以受傷了也不知道，最後細菌就從傷口進去，造成很多痲瘋病的病人到最後往往必須截肢。

痛是有功德的。

身體難免會有病痛，這篇短文想分享一個觀功的練習，那就是「痛」。數年前，我在國外工作，回台休假一段日子。有一晚，三更半夜，突然腰後非常痛，從身體裡面發出的疼痛感，於是趕快去掛急診。檢驗後發現是腎結石，於是馬上接受手術治療。

如果沒有痛，你就不會想馬上去解決這個問題了，對吧？所以，身體的病痛會喚醒我們的注意，要立即解決這個問題。就如同企業經營管理一樣，虧錢一定會馬上引起注意，少賺引不起注意，因爲不知道啊！少賺很難算，甚至算不出來，企業界有很多惡習一直不會改善，因爲不會痛，很容易疏忽。但是，任何老闆看到虧損，他就會馬上跳腳，如同身體一樣。

再用這幾年的新冠疫情來舉例，本土新冠肺炎疫情從二〇二〇年二月爆發，延燒兩年多，確診個案依舊居高不下。二〇二二年這波爆發主因就是Omicron！該變異株與二〇二一年面對的Delta病毒株不同，傳播力較強、突破性感染機會高、症狀相較輕微。我個人覺得，新冠疫情之所以讓全世界這麼糟糕，就是因爲它症狀輕微，不會痛。

---

① 摘自康健知識庫 https://kb.commonhealth.com.tw/library/500.html#data-3-collapse：漢生病舊稱為痲瘋、麻風或癩病，是癩分枝桿菌（Mycobacterium leprae）所引起的疾病，男性患者比女性患者多。此症主要侵犯人體周邊神經以及皮膚、黏膜，早期的症狀包括皮膚出現紅色或白色斑塊、丘疹以及結節，並且喪失感覺，如果沒有妥善治療，晚期痲瘋會對患者帶來嚴重的傷害，可能使患者失明、耳聾、鼻樑塌陷以及四肢潰爛等。過去由於痲瘋病人外貌有巨大改變，因此人們認為痲瘋病是危險的不治之症，但二十世紀因新藥的發明，可治癒痲瘋患者，現今痲瘋症的病例相當稀少，我國一年的病例數不到十名，且多為境外移入。

如果一個人得了新冠肺炎後，馬上就會很難過、很痛，我相信病毒不會那麼肆虐。現在，因爲不會痛，全球淪陷！因此，我利用痲瘋病與新冠疫情的例子，想要跟大家分享一個重要的概念：

萬事萬物都有正面的意義，
只是有時候我們看不到。

我有一位朋友很討厭蛇，他只要聽到人家講「蛇」這個字，全身就會起雞皮疙瘩，他說蛇這種動物不用保育。蛇可以不用保育嗎？蛇如果消失，整個食物鏈會大亂！我們都是食物鏈的一部分，蛇的存在使食物鏈維持平衡。想想蛇吃的是什麼？主要是老鼠。蛇可能很嚇人，但牠只待在室外，而不是和牠們吃的老鼠那樣會待在人類的家裡。想像一下，沒有蛇的世界可怕？還是一個被老鼠蹂躪的世界可怕？其次，對人類而言，許多藥物研發過程中，蛇和其他有毒生物所生產的毒液是很關鍵的原料，蛇毒被用於治療自身免疫性疾病、癌症和其他疼痛上有很多貢獻。

萬事萬物都有正面的意義，就看我們從哪個角度看待，怎麼樣去找到幸福人生的重要概念。觀功教我們什麼？教我們試著用各種不同的角度去看萬事萬物存在的價值，單一角度的思維不利幸福人生，或許你很討厭的那個人，在別人眼裡可是好爸爸、好兒子。

我們找不到別人的功德，
會不會不是找不到，
而是不願意找。

See the good.

邀請您閱讀完本篇後，觀察與思考一個問題：

Q 請挑一位您討厭的人，練習列出他可能的優點與特質，試試看。

今天，做了什麼好事？

今天，看到了哪些美好的人、事、物……

今天，要眞心感恩的三件事……

你的現在決定了過去？

邀請您在閱讀本篇前，請先思考一個問題：

Q 過去的成長歲月中，曾經發生過什麼事，讓你非常難過或憤怒？

無憂花學堂有一次邀請臨床心理師馬大元醫師來分享，在談到《導演症候群》一書時，有一張投影片放著阿德勒說的一句話：「你的現在決定了過去。」馬醫師說了一個發生在美國的故事，一位喝了酒又有吸毒前科的人，把酒保打傷了。記者去採訪他時，發現他有兩個兒子，這兩個兒子分別在不同的地方生活。社會新聞記者總是喜歡挖故事，所以就去問這兩個小孩現在人在哪裡？

查了一下後，知道弟弟現在也在監獄裡服刑，同樣也是酗酒、吸毒、勒索，簡直就是爸爸的翻版。記者去採訪這位弟弟時，好奇地問他：「你今天會這樣是什麼原因造成的？」弟弟講了一句話，被記了下來。

弟弟說：「我有這樣的爸爸，我還能怎樣呢？」

接著，記者就去採訪哥哥，哥哥現在住在另外一個地方，而且是一家分公司的主管，是一個白領階級，他生了三個小孩，家庭也過得非常幸福美滿。記者就很好奇了，問他同樣的問題：「你今天會這樣是什麼原因造成的？」沒想到這位哥哥講的話，竟然跟弟弟一模一樣。

哥哥說：「我有這樣的爸爸，我還能怎樣？」

這個故事說明，同樣的成長背景，日子過得不錯的哥哥，認爲因爲有這樣的爸爸，所以要努力向上脫離環境，就只能靠自己。而服刑中的弟弟則認爲，有這樣的爸爸和環境，我也只能認命了！阿德勒認爲：

> 你所述說的過去，不過是經由「現在的你」編撰的故事。人如何解讀過去是「現在的你」決定（選擇）的，因此，你現在過得好不好，會影響你對過去的看法。

人生路上總會有起起落落、高高低低，爲什麼有些人能將過去發生的悲劇當成「養分」來述說，而有些人至今仍遭受過去的捆綁，認定那是童年的創傷？這其實並不是受到過去捆綁，而是那段包裝在不幸之下的過往，正是他們現在所需要的。換種不討喜的說法，有些人是藉著沉溺在過去的悲劇或創傷，試圖來忘記「現在」的痛苦，阿德勒的說法不怎麼慈悲，但也有他一針見血的犀利。

想想過去數千年的歷史，每個朝代都是「誰執政，誰就有解釋權！」如果「我」是執政者，對過去的歷史有解釋權，「我」可能爲了服順「現在的目的」，說出有利現在目的的故事。也就是我們解讀過去發生什麼事時，我們，執政者，是從現在的利益出發，不是過去。

我現在過得好，解釋過去是A看法，我現在如果過得不好，解釋過去則是B看法。再思惟一下，人生中，會不會二十年前的我與現在的我，對某一個特定的「境」有不同解讀的情況？

二十年前的憤怒，於今，雲淡風清。

三十年前的雲淡風清，於今，懺悔不已。

寫到這裡，突然想到智者說，任何我們心中的「主觀的想法」都是「不眞實的」，執著於「主觀的想法」，信以爲眞，無法離苦。對佛陀兩千五百多年前的證悟，嘆爲觀止；對阿德勒的學說，也敬佩不已。

See the good.

邀請您閱讀完本篇後，觀察與思考一個問題：

Q 照阿德勒的說法，我們現在好好地活，就是穿越過去傷痛的方法。請選一件過去發生的事，事發當時，您非常難過或憤怒，問問自己現在如何解讀過去那件事？現在的感覺跟當年的感覺有何差異？

今天，做了什麼好事？

今天，看到了哪些美好的人、事、物……

今天，要眞心感恩的三件事……

第四章

宇宙最強大的正能量

幸福感的殺手

邀請您在閱讀本篇前，請先思考一個問題：

Q 一般日常生活與職場中，最容易被我們視為理所當然的人事物有哪些？請舉一個例子（或事項）。

科學家很喜歡用猴子做實驗，有個實驗的簡稱叫「多巴胺的實驗」。多巴胺是什麼？根據維基百科上的簡介，多巴胺是一種用來幫助細胞傳送脈衝的化學物質，是神經傳導物質的一種。這種傳導物質主要負責大腦的情慾、感覺，傳遞興奮及開心的訊息，也與上癮有關。愛情的感覺對應到生化層次，和腦裡產生大量多巴胺起的作用有關。吸菸和吸毒都可以增加多巴胺的分泌，使上癮者感到開心及興奮。多巴胺傳遞開心、興奮情緒的這種功能，醫學上被用來治療抑鬱症。①

簡言之，就是人類受到刺激，感覺到愉悅時，會分泌的感覺化學物質。國立中央大學認知神經科學研究所教授，曾在網路分享一篇短文②，在一個實驗中，猴子每按十次桿就會有一顆葡萄乾掉下來，這時牠大腦會分泌十個單位的多巴胺。揣摩猴子會說：

天啊，怎麼會有一顆葡萄乾？

幾次以後，突然間，掉下來兩顆葡萄乾，這時猴子大喜，腦中分泌大量多巴胺。當

① 摘自維基百科。
② 摘自網路分享。

持續好幾次後，牠大腦中開始減少分泌多巴胺，恢復到只有掉一顆左右的濃度時，實驗者改回只給牠一顆，牠很失望，大腦多巴胺的分泌連一開始的十單位都不到，雖然牠還是有一顆可以吃。揣摩猴子會說：

天啊，怎麼只有一顆葡萄乾？

猴子是靈長類動物，跟我們的DNA比較近，透過儀器監測猴子在興奮時分泌多巴胺的狀態，可以拿來參考人類的行爲。這個實驗過程非常嚴謹，我們只是用淺白的語言來解釋，剛開始掉一顆葡萄乾就有十單位的多巴胺，那後面爲什麼也是掉一顆，卻沒有十單位的多巴胺呢？這個過程眞的很值得我們思惟。

我們人會不會也是這樣？

剛開始發生任何一件事情，我們會感到很驚喜！唉唷！有葡萄乾可以吃！結果沒想到，慢慢地就變成理所當然。實驗中，猴子認爲本來就應該要有一顆的啊！而當我們給兩顆讓牠習慣了之後，最後又只給牠一顆，牠反而產生不滿足，這是什麼狀況？怎麼只剩一顆？反而會感覺不歡喜，甚至還會爆怒。

昨天的意外驚喜，

今天的理所當然，

明天的不滿足。

剛開始別人爲我們做了一件事，我們感到很開心，然後當我們覺得是理所當然之後，有一天那個人沒做了，會不會感覺，咦，怎麼會這樣？從這個小實驗告訴我們，生活中，不能把身邊的人對我們的付出視爲理所當然：

「理所當然」是幸福感的殺手。

親子之間也一樣，譬如媽媽很常幫小孩做這、做那，然後當小孩發現有一天媽媽沒有再爲他做這件事時，就會對媽媽口氣不好地說：「妳這個月怎麼沒有匯零用錢？」我相信任何媽媽心裡都會有一股抽痛，媽媽爲你做是應該的嗎？是理所當然的嗎？一不小心忘記匯款，孩子竟然這樣指責！這只是一個代表性的情況描述，值得我們省思。

在西方電影中，常常看到角色吃飯之前會禱告，感恩上帝賜給他們這一餐，這就是將念恩的教育置入到日常生活中，是非常值得推廣的幸福學教育。東方的宗教有沒有這個內涵？有，東方佛教也重視念恩教育。我們在《廣論》這部經典中，學習到父母親是福田門，對父母親造作的任何一點善業跟惡業，所感得的樂果跟苦果都會是非常大的，於是把父母稱之爲「具力業門」。用譬喻來說，這個時候就不是種瓜得瓜、種豆得豆，而是種一粒芝麻得一座須彌山，這就是福田門、具力業門非常不一樣的地方③。不管是東方、西方宗教，還是科學研究，都再再證明，一個人如果能培養念恩的習慣和生活態度，他的幸福感自然而然就會比較高。

其次，你有沒有發覺，如果我們常常爲別人做一件事，後來發現對方沒什麼反應，慢慢地，我們可能就不做了。行爲學家研究人的特定行爲會消失，是因爲這個行爲之後沒有回饋。換言之，對於我們身邊美好的人事物，如果我們沒有回饋，這些美好的人事物也就會漸漸淡出我們的生活。

身邊許多美好的人事物會消失，
理所當然是主要的原因。

我住在一所科技大學旁邊，常看到一些家長在開學時，幫小孩搬家，有時候會看到爸爸幫他抬家具，媽媽幫他鋪床拖地，這位學生則是坐在旁邊滑手機。如果這個小孩覺得爸爸媽媽爲他付出是應該、理所當然的，其實我很擔心這位小孩離開家庭與學校時，會發覺社會不是這個樣子的，很多小孩因而過得不幸福，甚至憤世嫉俗，少了念恩的家庭教育是很危險的。因此，當我們在寵愛小孩子的同時，必須要注入念恩教育，這能讓小孩感受到，這個世界有很多人為他的生活做出努力與奉獻。

數千年來，老祖宗留下來的智慧，科學家用實驗證明的結論是「念恩的人有福！」只是有時候我們會忘記，所以要刻意練習，讓大腦感恩別人為我們所做的付出，這就是一個幸福人生的下手處，一個讓自己幸福的方法。

別讓理所當然搞砸了我們的幸福。

See the good.

邀請您閱讀完本篇後，觀察與思考一個問題：

Q 今天，從早上起床至今，請練習寫下三件心存感恩的事情。

③ 參考《菩提道次第廣論四家合註白話校註集1》，三九一頁。

今天，做了什麼好事？

今天，看到了哪些美好的人、事、物……

今天，要眞心感恩的三件事……

幸福最大化研究

邀請您在閱讀本篇前，請先思考一個問題：

Q 回憶過去的學生時代，您最感恩的老師是誰？為什麼？

早年，企業管理系的學生都會修普通心理學，那時候的心理學大部分都聚焦在「這個人到底發生了什麼事（什麼毛病）？」爲什麼他會一直洗手？如強迫症；爲什麼這個人情緒會那麼低落（憂鬱）？或是這個人爲什麼想要自殘？心理學家用科學方法研究這些負向的行爲與心理狀態，這種異於常人的情況，成因是什麼？然後研究如何治療。像常常聽到的佛洛伊德、榮格、阿德勒、艾瑞克森等心理學家。

後來，賓州大學心理系教授馬汀．塞利格曼（Martin E. P. Seligman）①從另一個角度思惟，他想，怎麼那麼多的研究資源投入在負向的行爲，可是還有一群人就是比較快樂，那群人到底發生什麼事情讓他們快樂呢？如果我們能夠研究「這群人爲什麼會這麼快樂？」然後把他們的心得跟經驗，透過科學研究與統計分析整理出來，讓我們模仿與學習怎麼讓自己更幸福、更快樂一點，那不是很好嗎？

塞利格曼開啓了「幸福最大化研究」。在這項著名的研究中，有近六百名受試者，分別請他們在生活中進行提昇幸福感的活動。譬如A組每天散步三十分鐘；B組每天聽音樂三十分鐘；C組每天練習寫信表達念恩等活動，接著回收這些研究資料，看看哪一種方案帶來的幸福增長效果最好。而研究發現，寫信表達感恩提昇幸福感最有效果。自「幸福最大化研究」之後，一直有後續的研究引用與實證，讓人驚訝的是，一星期連續每天練習念恩就可以讓所有受試者更加快樂，效果甚至能持續到六個月之後。

科學家講話是非常嚴謹的，有證據支持「練習念恩幸福效果最顯著」，幸福最大化的實驗只是一個開端，後續有很多學術研究再再證明練習念恩是讓自己幸福的方法，甚至有益身體健康。高雄醫學大學正向心理學中心的一位老師，曾給我一篇學術論文②，加州大學研究家醫與公共健康的教授保羅．穆勒（Paul J.Mill），找了一百八十六位心臟病患者，使用標準化的心理測驗獲得患者們關於「感恩與精神上的幸福感分數」，然後比對了憂鬱、睡眠品質、疲勞、自我效能和炎症性的指標。他們發現「高感恩分數的患者」和「更好的心情與睡眠品質」相關，同時心臟衰竭的因素也較少惡化。穆勒更驚訝地發現，感恩幾乎解釋了幸福感對病情的正面影響與好處。爲了驗證這個發現，他又將病患分成實驗組與對照組，並要求實驗組患者執行爲期八週的感恩日記活動：

①引用自遠流《真實的快樂》一書：馬汀．塞利格曼（Martin E. P. Seligman）為賓州大學心理系教授，曾任美國心理學會（APA）主席。他被尊為正向心理學（Positive Psychology）之父，是習得的無助與解釋形態領域的權威，曾獲得許多學術界大獎，包括美國心理學會的新人獎，國家心理衛生院、麥克阿瑟基金會、古根漢基金會的研究獎等，同時也是唯一得到美國心理學會基礎科學與應用科學雙重獎項的心理學家。

②高雄醫學大學正心中心，陳瑞堂：〈感恩的心是更健康的「心」〉。

每天記錄三件值得感恩的事情。

在這期間，兩組患者持續接受臨床照護。結果發現持續進行感恩日記的病患，在炎症性指標有顯著下降，這表示病患心臟病惡化的風險降低了。所以，更多的感恩能降低心臟疾病的風險，得到一顆更健康的心臟。如果你已經是心臟病患者，可以開始每天在生活中，記錄感恩的事情。

分享這兩個科學實驗只是想表達，雖然講念恩是老生常談，但是科學家不斷地實驗證明一個結論，念恩的人就是比較幸福。而心理會影響生理，前不久跟幾位諮商心理師聊天，他們也都提出一個重點，很多疾病是源於心理的狀態。一個人如果長時間處在負向情緒，他的身體終究會產生反應。一般人的迷思是「幸福的人才會念恩」，但真正強而有力的論述是「念恩的人比較幸福」。科學研究印證了英國哲學家法蘭西斯·培根（Francis Bacon）的說法：

不是幸福的人念恩，
而是念恩的人幸福。

哈佛大學有一個著名的「二十個快樂的習慣」③，我挑出前三條與大家分享：

1. **要學會感恩**：讓自己放慢腳步，看看四周，關注生活中的細微之處：人行道上淡紫色的花、美麗的日落、洗去一天疲憊的淋浴、伴侶眼中的笑容。當你的感恩之心能夠欣賞生活的美，去思考和祝福，自然就充滿了幸福感。

2. **明智地選擇自己的朋友**：根據哈佛研究，影響個人幸福最重要的外部因素是「人際關係」。所以如果你想變得開心，要選擇和樂觀的朋友在一起，他們能欣賞眞實的你，讓你的生活變得更豐富、快樂、有意義。

3. **培養同情心**：當我們代替別人，站在另一個角度看問題，我們便更能用同情心客觀和有效地處理問題。生活中就會少一些衝突，多一點快樂。

哈佛大學爲什麼要開幸福學呢？因爲校長發覺，這群來自全世界的菁英學生，經過心理測量後，發現竟然有相當比例的學生充滿焦慮，這是一種負向心理狀態，嚴重時可能會生病或自殺。爲了對治哈佛學生的不快樂，讓學生們能夠找到幸福的方法，於是開

③哈佛大學推薦：20個讓人快樂的習慣，摘自 https://www.cheers.com.tw/article/article.action?id=5086877

出幸福學的學分，時至今日，幸福學非常受哈佛學生的肯定跟歡迎。哈佛大學二十個快樂習慣的天條，也就是第一條「要學會感恩」。後來我又閱讀一些資料，發現哈佛有史以來最熱門的一堂課，也就是一千多人一起上的幸福學，其家庭作業竟然是：

每天臨睡之前感恩五件事情。

耶魯大學著名的羅利．桑托斯（Laurie Santos）教授開的「正向心理學與美好生活」課程，當時是耶魯創校三百多年來，最受歡迎的一堂課。「正向心理學與美好生活」其實就是「幸福學」，這堂課出的家庭作業跟哈佛大學一模一樣，也是請學生每天感恩五件事情，這些世界一流的大學爲什麼要教這種通識課程？因爲管用！

不是成功的人比較容易幸福，
而是幸福的人比較容易成功。

哈佛大學曾經做過問卷調查，問那些畢業的校友，你在哈佛的四年，最受用的課是哪一門課？第一名是經濟學，不可否認哈佛校友在經濟學的素養高，很多是掌控全世界各國政府與跨國企業的高階主管。第二名就是幸福學，因爲他們發現，當生活遭遇挫折時，能夠有正向的心態去面對是很重要的。桑托斯教授指導學生，如果想要幸福快樂，最重要的就是改變大腦的評估跟選擇能力，她說：

改變你的心態（Change Your Mindset），

你如何看待事情呢？

世界上極具影響力的知名女性，歐普拉．溫弗蕾（Oprah Winfrey），她是有史以來最成功的美國脫口秀節目《歐普拉秀》的主持人。自一九九六年起，每天早上一起床就會寫下五件她感恩的人事物。二〇一二年，她談到自己寫感恩日記的決定：「我從十五歲起就開始寫日記，但在我開始著眼於感恩之前，日記裡總是寫滿了差勁的詩句和關於我的體重、男人以及別人怎麼想我等種種『強說愁』。但自從開始每天寫下五件自己感恩的事情後，我簡直無法形容人生的轉變有多大。雖然聽起來簡單，不過一旦你整天都在留意自己要將哪些事情列入感恩清單後，你就會用全然不同的眼光看世界。不知不覺中，感恩在你內心開啓了一條全新的通道，讓你人生的靈性面能夠流動。」④

④《生命不斷對你訴說的是……：歐普拉覺醒的勇氣》，歐普拉．溫弗蕾（Oprah Winfrey）著，天下文化出版。

文末，引用她說的一段話作爲這篇分享的總結：

不管生活中發生什麼事，
如果你專注於自己擁有的，你一定會擁有更多。
如果你專注於你沒有的，你永遠永遠都不可能滿足。

See the good.

邀請您閱讀完本篇後，觀察與思考一個問題：

Q 不管是西方科學或是東方哲學，都說「生活中許多美好的人事物會消失，主要原因是把這些人事物視為理所當然」，為什麼？

今天，做了什麼好事？

今天，看到了哪些美好的人、事、物……

今天，要眞心感恩的三件事……

象鼻蟲的故事

邀請您在閱讀本篇前，請先思考一個問題：

Q 人生起起伏伏，回憶過去的職場生涯或是學生時代，讓你最難過的一件事是什麼？或什麼人？

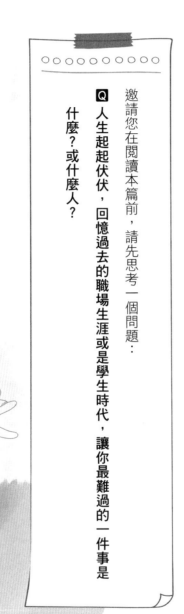

〈棉花田〉（Cotton Fields）這首歌是清水合唱團的作品，我在國中時聽過，那時不那麼理解歌詞的意思，單純覺得音樂節奏輕快而已，叔父輩買的那些黑膠唱片，就有清水合唱團。

我想分享發生在「棉花田」的故事，一九一〇年代，美國阿拉巴馬州的白人祖孫三代清一色種棉花，在他們的農場裡，種棉花是天經地義的事。當時的南方，還有黑奴存在，這些社會較底層的人，也都在協助種棉花，棉花養活了很多人。可是有一年，突然發生了病蟲害，叫作象鼻蟲。

象鼻蟲其實不大，大概就像我們的手指尾指的指甲大小，成群的小小象鼻蟲會咬光整個棉花的棉絮。所以那場象鼻蟲病蟲害出現後，當年的每個農場都愁雲慘霧，因爲一整年的辛勤努力全泡湯了。

有了這樣子的病蟲害後，有些人就開始反省，明年是不是還要再繼續種棉花？有些人決定不改變，他們想說祖孫三代都這樣走過來了，想要賭一下。也有一些農場主人心裡想，這一次我們受災如此慘重，假設再有下一次，又要面臨同樣的病蟲害，那我這個農場大概就破產了。所以他們選擇改變，開始種玉米或小麥，用多元的農作物混雜栽種。

讓人沒有想到的是，那些願意改變的農場因爲多元耕種，經過數年後，他們的收入比以前只種棉花來得好很多，比單純種棉花多了四倍。當然，象鼻蟲在這段時間還是持續肆虐棉花田，後續一些不願意改變的農場最終宣布破產，讓這一群願意改變的人收購走了。

這群富裕的農夫，也就是願意改變的農場，討論到過去這些年的收成演變後，想起了象鼻蟲，有人感恩地說：「要不是象鼻蟲逼我們採取多元農作物的經營方式，哪有今天這麼好的收入啊？」因此，這群農夫，農場的主人，在市政府的協助下，爲象鼻蟲立了一個碑，這個碑文是是這樣寫的：

深深感謝象鼻蟲

繁榮我們經濟所做的貢獻

——一九一九年十二月十一日

這個碑就立在他們市政府的廣場，我第一次聽到這個故事時，覺得太有意思了。本來大家愁雲慘霧，被逼到快破產，結果沒想到因爲有了改變，反而讓經濟更繁榮、富裕。

每個人生命中一定會出現一些困境與麻煩，如果事過境遷之後來看，也許它帶給我們的是更好的東西，我想引用《希望．新生【四季法語】》這本書的一段話，標題是「觀功念恩看到希望」：

觀功念恩實際上就是一種生活態度。在困境和麻煩的事出現時，好的東西是否也同時存在？觀功念恩就是要在困難、麻煩、苦難和很多很多痛苦之中，發現這樣一個希望。

象鼻蟲的故事也是一種生活態度，不如意的事情也許只是告訴你要轉彎，挫折也許也只是告訴你：「你應該踩個剎車。」不管是什麼，我相信在人生當中，總是會有這些不如己意的逆境出現。

人生就像溜冰一樣，
如果你要溜得好，
你一定要學會轉彎，
還要學會剎車，
不是一直往前走的。

曾經看到身邊的親朋好友遇到挫折之後，非常頹廢。其實只要他有學過觀功念恩，能夠眞正去思惟這個逆境到底要教會我們什麼事情？或許他可以從中找到更多力量。

每個人生命當中都有可能出現，象鼻蟲這個角色。

每個人在成長過程中都會遇到「象鼻蟲」，你的象鼻蟲是誰？可以回憶一下過去的歲月，事過境遷，回頭看看，我們不用立碑，但最起碼可以知道，「象鼻蟲」對你的成長是有饒益的。也許是你以前的老闆、同事、親人，也許是一場金融風暴，也許是遇到婚姻的背叛等等，都有可能。因此，對所有曾經傷害過你的人與事，你可以深深地感謝：「深深感謝某某某，在提昇我心靈肌肉所做的貢獻。」

這就是「逆境可見之恩」！

See the good.

邀請您閱讀完本篇後，觀察與思考一個問題：

Q 生命中的貴人有很多種，其中讓人刻骨銘心的就是曾經傷害我們的人。請回憶一件事情，那件事當時真的傷害了您，事隔多年來看，您會說要不是當年那個人，我也就沒有今天的好日子。請問那個貴人是誰？

今天，做了什麼好事？

今天，看到了哪些美好的人、事、物……

今天，要眞心感恩的三件事……

衣索比亞咖啡豆與張媽媽

邀請您在閱讀本篇前，請先思考一個問題：

Q 請列出三家在日常生活中您喜歡去的餐廳？

我每天早上一定要來杯黑咖啡。我的住家在七樓，南北座向，夏天的時候，風從南面陽台吹進來，先經過廚房，再穿過客廳，就直接從北面陽台出去了。

有天早上，我想喝一杯熱咖啡，在磨好豆子、熱水沖咖啡的當下，我突然生起很強烈的幸福感。我右手正在沖著咖啡，聞到咖啡香，南風輕輕地從我的廚房穿過，彷彿拍一下我的肩膀，喂了一聲，自顧自地經過客廳，從前陽台出去。在一個安靜的早晨，在那個當下，我很難用言語去形容那時的感覺。事後分享給朋友那個早晨與那杯咖啡，有位朋友點評了一句：

很多悲劇與錢有關，
很多幸福與錢無關。

這句「很多幸福與錢無關」太棒了！諸位在學習與實踐觀功念恩之後，可能會與我有類似的經驗。後來我找到一句可以形容這種感覺的話，希望有一天你也可以體會。那句話好像是有一次無憂花學堂的課程中，有一位講師說出來的：

沒有理由的幸福。

在那個當下的氛圍，你感覺得到內心深處有一種很平靜的喜悅升起，它不是很強烈的歡愉，但也不會被忽略，感覺到一種正能量在身體裡發酵。你知道有一個東西出現了，但不知道那是什麼，微微的笑意差可比擬。

後來，我想到這是多麼神奇的一件事，那天泡的是衣索比亞的咖啡豆。衣索比亞的一群農夫種了咖啡，採收後，接下來另一群人水洗或日曬加工，然後又有另一群人將咖啡豆運送到港口。這些港口的工作人員把貨櫃放置船上，有另一群人負責從海上運到了台灣。台灣要有另一批人去把咖啡領來，然後烘焙與包裝等等。

一顆衣索比亞的咖啡豆，能走入我家廚房，這中間是經歷過多少人的努力，才能夠在那麼一個早晨，讓我幸福地喝上一杯濃濃的黑咖啡？

每次想到這件事情，我就覺得在生活當中，各行各業都有人在爲我們的幸福付出努力。當然，或許有人會挑剌地說，那些人也是爲了賺錢，爲了自己的生計而工作。我們同意啊！要不是這樣，我們怎麼可能有如此的物質生活？

我們常在不經意中理所當然地消費，姿態很高，看不到各行各業的努力。就拿咖啡這件事情，沒有刻意地思惟，衣索比亞的咖啡豆要走進我的廚房，這中間要經過多少手、多少路？日常老和尚在觀功念恩的教授中，提到念恩有三個層次，其中一個叫做「觀察可見之恩」，相較「逆境可見之恩」或許難度較低，但卻是最容易被忽略的恩。

或許有一天，當我們有錢買不到東西時，人們才會體會到什麼叫「觀察可見之恩」。打個比方，我們從來沒有想過，多年來我們習慣去吃的那家早餐店，其實對我們是有恩的。因爲如果它有一天不預警地沒開，我們的生活是不是就很不方便？

沒錯，我們是店家的客戶，他也很希望我們去那裡用餐。可是如果我們願意從念恩的角度看待這件事，當在付錢給別人的時候，心懷感恩地付，相信我們的感受會完全不一樣，因爲：

念恩的人畢竟比較幸福，
生活中處處都可見觀察可見之恩。

張媽媽的故事

陳總經理（化名）二〇一二年參加福智企業營，與我同梯，結訓後就在生活與工作中練習觀功念恩這項功課。與此同時，我們也開始在里仁的教室持續學習心靈方面的課程。

有一回分享時，他提到自己住在十一樓，一出電梯門，左邊他家，右邊是張媽媽的家，陳總說他很討厭張媽媽。主要的原因是因爲她喜歡東家長西家短，社區不是很大，常常弄得鄰居彼此相互猜忌，人與人之間的相處變得很不舒服，陳總很不喜歡，所以在社區裡，他很不喜歡跟張媽媽正面打招呼，能閃就閃。

最讓他受不了的是張媽媽會告人家。社區有社區管理委員會，委員雖是票選，卻是義工性質，因爲會佔用自己的私人時間，所以通常沒人願意做，一般而言，大多半強迫地輪流擔任委員。陳總說張媽媽很喜歡當管理委員，輪到她當，那當然就沒有什麼問題。可是即使沒輪到，她也會去參加管理委員會，意見很多。

陳總的解讀是，張媽媽很怕社區每月的結餘款被人家拿去亂花，這個出發點當然是很好，可是問題來了，當別人的意見跟她不一樣時，她就會到處說三道四，甚至告人家。這一告，諸位可以想像一下，你當義工無償地付出時間開會，結果被告，還要在法官面前解釋當時的情況，情何以堪？

社區發生這些事情後，陳總跟這位張媽媽就更少往來。但他們是鄰居，使用同一棟電梯，而且就住在對面。有一次陳總穿好西裝、打好領帶，準備去上班，正要開門的那一剎那，他突然聽到門外有聲音，因爲張媽媽就住在對門。

陳總說：「你們想想看，我堂堂一個總經理，受過高等教育，竟然用門上那個小洞去看人家，我就是不願意跟張媽媽搭同一部電梯下樓！」又說：「我太太坐在客廳看到我那個動作，看一個穿西裝打領帶的總經理，用一個小洞在看歐巴桑走了沒，她笑翻了！」

聽完陳總的分享，旁邊的同學也都笑翻了，其中一位女同學阿娟說：「你腦子進水了嗎？」我印象很深，她那幾句話，讓我腦子裡鐘聲大響，以下是他們的對話：

阿娟對陳總說：「你腦子進水了嗎？」

陳總回：「幹嘛？」

阿娟說：「如果你現在很喜歡一個人，或者你愛一個人，或是你的家人，你受制於他們，你甘願啊！對不對？但你不是！你討厭一個人，然後你被那個你討厭的人影響生活情緒，你腦子不是進水了，那是什麼？」

陳總說：「對喔！我以前怎麼沒有這樣想過？」

我們在職場是不是也會這樣？如果一開會，你討厭的人就坐在你對面，我們是不是整個負能量都被他勾起來了？如果你跟我一樣，阿娟這句「你腦子進水了嗎？」是不是像暮鼓晨鐘？

你腦子進水了嗎？

你在職場受制於一個你討厭的人？

慢慢地，陳總試著去看張媽媽到底有什麼功德，因爲我們在練這個功課，他要對張媽媽觀功念恩啊！但很難啊！如果你有練就知道，觀功念恩最難練的就是你討厭的人，你怎麼樣看到他的價值？你看得到他的功德嗎？第二難練就是對自己的家人，對親友成見已深後，要對他觀功念恩也是不好練。

後來，大概半年後，陳總有一次坐電梯，看到社區電梯內公告的財務報表，咦？社區的結餘款愈來愈多，他就問這屆委員：

「這到底是怎樣？爲什麼錢愈來愈多？」

委員說：「還不是因爲張媽媽。」

陳總說：「是怎樣？」

委員說：「就怕被告啊！所以我們都不太敢花錢，所以錢就愈來愈多，結餘款也愈來愈多啊！」

陳總後來想一下，這個錢也沒有到張媽媽的私人口袋，有張媽媽這樣子的人，最起碼管委會的委員諸公不會亂花錢。當然陳總個人認爲該花的還是要花啦！但至少張媽媽能夠護住這些東西，陳總終於看到了張媽媽在這個社區的價值，慢慢地也就沒有那麼討厭她。

以前只要在地下停車場，看到張媽媽在等電梯，陳總就說：「張媽媽妳先上，我去車上拿個東西。」現在不會了，很自然地就跟她一起上去。陳總表示，如果喜歡在最右邊，討厭在最左邊，不討厭在哪裡？不討厭是在中間，就是喜歡的零基準而已。但自己不是聖賢，當他知道張媽媽要搬家時，他開心到想放鞭炮，自嘲凡夫一個。故事結束，張媽媽的故事想要分享什麼呢？有什麼啓示？

> 我們的生活與職場中，可能也有一個「張媽媽」，這個「張媽媽」可以當作「幸福的篩檢劑」。對你討厭的人，你能不能看到他的優點？當你看到他的價值、功德（good），就較容易脫離討厭的情緒，而最後受益的也還是自己。

對討厭的人事物，不是我們找不到功德，通常是我們不願意。因爲不願意，我們就受制於討厭的人，他有可能就在你的職場，有可能是你的鄰居，更有可能是你家族裡的某一個親戚，都有可能。記住！討厭一個人其實受害的是自己。

到底「張媽媽」是資產？還是負債？有這麼一個人在檢驗我們的觀功念恩練得好不好，所以他應該是我們的資產，要善待他。以下這段文字，印象中是如證和尚的開示：

「因爲他人的存在，所以我得到好處，這即是互助，就是於我有恩，這樣的恩是要刻意觀察才能體會到的。」

在練習念恩的過程中，如果你常常找不到要念什麼恩，最可能忽略的就是觀察可見之恩。社區的警衛難道對我們的汽機車管理與安全沒有恩嗎？每天搭公車，那些司機爲我們做的付出，難道不是觀察可見之恩嗎？如果我們能夠學習到，原來身邊各行各業都對我有恩的話，那怎麼可能在做念恩作業的時候，會寫不出來？

See the good.

邀請您閱讀完本篇後，觀察與思考一個問題：

Q 請至衣櫥挑一件最喜歡穿的衣服，看一下標籤是哪裡生產的？然後盡所能地觀想這件衣服經過多少人的努力，才到了您家？

今天，做了什麼好事？

今天，看到了哪些美好的人、事、物……

今天，要真心感恩的三件事……

第五章

聽過不等於學會

我們要如何改運？

邀請您在閱讀本篇前，請先思考一個問題：

Q 估計一下，從早上起床到晚上睡覺，一整天下來，我們平均會選擇幾次？這個問題請先猜一下，再繼續看下去。

丟銅板大家都玩過，現在，如果遇到丟銅板實驗已經連續出現十五次的正面，接下來我們會選擇正面還是反面呢？這是很簡單的問題，高中的數學「機率」談過、大學修的「統計學」也會提，前提通常是「現在有一個公平的錢幣……」我們此篇就用丟銅板實驗，開始聊起。

如果連續出現十五次正面之後，請問第十六次，會出現正面，還是反面呢？不管猜正面，還是反面，都不是重點，因爲每一個結論、猜測後面都有行爲心理學的問題。但以機率科學的知識來講，不管前面出現幾次正面，每一次丟銅板都是獨立事件。換言之，前面出現多少次正面的次數，跟我們當下要丟銅板的這一次，出現正面的機率一點關係都沒有。

什麼叫獨立呢？就是正面出現的機率和反面出現的機率都是百分之五十。那正面出現的機率受什麼影響？受這個銅板是不是公平而影響。

前面說過，學機率時，題目一定會說這個銅板是公平的，一定會有這句話，因爲這樣才可以討論事情。

接著，分享一個第二次世界大戰的故事。有一位南非的數學家約翰·埃德蒙·克里奇（**John Edmund Kerrich**），出生於英國，但在南非成長，後來回到英國讀大學。自一九二九年起，開始擔任數學講師。他稱不上什麼了不起的數學家，使他出名的，是因他曾執行一系列的機率實驗。

一九四〇年四月初，他到丹麥首都哥本哈根拜訪親戚，在預計返回英國的兩天前，四月九日，德國納粹入侵丹麥。戰事僅持續六小時，丹麥政府便宣告投降，所以此戰役有時被稱爲「六小時戰爭」，是第二次世界大戰期間，用時最短的戰役之一。很倒楣地，克里奇被德國的納粹軍團抓了，關進了集中營，在百般無聊的日子裡，他身上有一個銅板，就想：「假如我扔一萬次銅板，看看正面出現的機率會不會趨近於百分之五十呢？」於是啓動了扔銅板的實驗來打發日子。這是一個非常無聊，但有名的數學實驗。克里奇眞的在集中營裡扔了一萬次的銅板，天啊！一萬次，那是不可思議的事，反正閒著也沒事做嘛。

克里奇將每次投擲結果均記載下來，第二次世界大戰後，他出版了《機率論實驗導論》（*An Experimental Introduction to the Theory of Probability*），發表他的實驗紀錄。克里奇共投擲銅板一萬次，其中有五〇六七個正面，正面數出現的相對頻率爲零點五〇六七。①

用曲線圖來說明，如果X軸是扔硬幣的次數，愈右邊是愈接近一萬次，愈左邊是接近零次；Y軸是扔硬幣正面出現的機率。我們可以發現剛開始的時候，曲線的波動很大，有時候會連續出現很多次正面，有時候又連續出現很多次反面，所以硬幣正面出現的機率就在百分之六十到百分之四十之間振盪，可是當實驗接近五千次以上時，你會發覺它的波動曲線愈來愈窄，到最後接近百分之五十。

扔了一萬次的銅板跟我們如何改運有何關係？

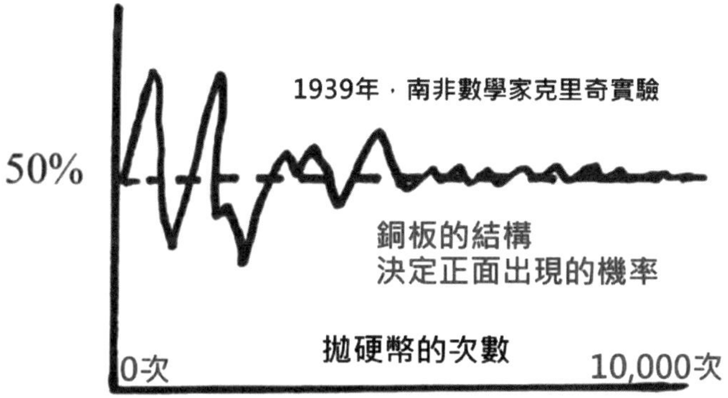

【本圖摘自魔鬼數學】

①文內有關克里奇的故事摘自網路分享「國立高雄大學統計學研究所網站內文章，主題：統計下凡（四），發表者：黃文璋」。

在隨機的試驗中，每次出現的結果雖然都不同，但在大量實驗的結果來看，總是趨近於某個確定的值，這個就叫作「大數法則」（Law of large numbers）。②

肯定有人想問：「江老師，已經連續出現十五次正面了啊！」是的，因爲連續出現十五次正面，我們自然覺得這銅板可能不公平或有問題，但是對一萬次來講，十五次還算很少、很小。換句話說，連續出現十五次的正面相對一萬次的實驗來講，結果就像十五西西的糖水被一萬西西的白開水稀釋掉了。所以當實驗的數量足夠大時，大數法則就會發揮它的作用。如上圖顯示，當實驗次數超過五千次時，大數法則就開始作用了。

銅板的結構決定了正面出現的機率，

那我們的命運由什麼決定？

好！回過頭來，人一天會選擇幾次？碰到一件事情，做一次選擇，就好像扔一次銅板一樣，我看過不少有關這個問題的有趣科學研究，我挑最少的研究說，答案是七十次。打從我們起床睜開眼睛，會思考今天要穿哪一件T恤、穿哪一件褲子？都是選擇，人一天平均「選擇」七十次。

如果一天平均七十次，那一年三百六十五天會平均選擇幾次？答案是兩萬五千五百五十次。數量很大，那十年呢？五十年呢？大概有一百二十七萬次，所以碰到一件事情，就選擇一次，就好像丟銅板實驗一次，那我們所有的選擇，到最後會出現什麼狀態？

當實驗的數量足夠大時，大數法則就開始發揮作用。當我們討論一生的命運時，我們的命運不取決於一、兩次的選擇，而是取決於我們大量的選擇，尤其是幸福這件事。

②摘自維基百科：在數學與統計學中，大數法則（英語：Law of large numbers）又稱大數定律、大數律，是描述相當多次數重複實驗的結果的法則。根據這個法則可知，樣本數量愈多，則其算術平均值就有愈高的機率接近期望值。大數法則很重要，因為它「說明」了一些隨機事件的均值的長期穩定性。人們發現，在重複試驗中，隨著試驗次數的增加，事件發生的頻率趨於一個穩定值；人們同時也發現，在對物理量的測量實踐中，測定值的算術平均也具有穩定性。比如，我們向上拋一枚硬幣，硬幣落下後哪一面朝上是偶然的，但當我們上拋硬幣的次數足夠多後，達到上萬次甚至幾十萬、幾百萬次以後，我們就會發現，硬幣每一面向上的次數約占總次數的二分之一，亦即偶然之中包含著必然。

我們過去的所有選擇，造就現在的我們

我們沒有辦法清楚地記錄每一次選擇，但至少你會認同，無數次的選擇造就今天的我們。銅板的結構決定了正面出現的機率，那我們的命運又取決於什麼？就是我們自己的「選擇系統」。你過去發生的事情，是不是有一個固定的習性？你碰到事情，就習慣這麼想；你碰到事情，就習慣說這些話；你碰到事情，就習慣做怎樣的選擇，是這些大量的選擇造就今天的我們。

假設諸位跟我一樣六十歲出頭，自懂事以來，也選擇了五十年，共一百二十七萬次的選擇，造就今天的我們。其實這裡面有所謂的「業果道理」，因爲每一次選擇都帶著一個業力。慢慢地，你會發覺一個人的個性或稱習性，讓他常常在重複做同樣的選擇，不管好的或壞的，最終，他的生活總面臨一再重複發生的情境，如同大數法則。諸位，我們內在的選擇系統具體是什麼？

遇到刺激（事情），我們常常做出哪些行爲？

遇到刺激（事情），我們常常說什麼話？

遇到刺激（事情），我們常常怎麼想？

我們常講的習性就是「我們內在的銅板結構」，也就是「我們自己內在的選擇系統」。這篇的標題是「我們要如何改運？」我們一碰到事情，是觀功？還是觀過？一旦碰到事情，是念恩？還是念怨？每一次都是選擇，而所有的選擇，如果硬要用一個概念來說，就是我們的「身、口、意」造就我們現在的樣子。

從這個角度來看，是不是代表我們今天會這個樣子都是命中注定了？那不就很宿命嗎？很多人常說「一切都是業啦！」了解我們的習性是關鍵之處後，反而讓我們更有希望。因爲只要調整我們的習性，命運就掌握在自己的手裡。據我個人的學習，想分享的觀點是：

「我的一切選擇造就了我的業！」

如果承認過去所有選擇，造就今天的我們，那應該能夠同理可證，現在所做的選擇，會決定我們未來的命運，我覺得這充滿了無限的希望。我非常喜歡的英國大文豪C．S．路易斯（C.S. Lewis）講過一句話：

我們不能回到過去改變自己的起點，

我們可以從此地開始改變自己的終點。

這句話簡直就是業果道理的白話總結。沒錯，我們不可能回到過去，可是很多時候，我們會不自主地講：「要不是當時那樣那樣，我就不會怎樣怎樣……」之類的話，這些話表示你對過去的一些選擇產生後悔。可是我們沒辦法回到過去啊！我們現在能做的是什麼？

在生命的旅途中，我們還有大量的選擇機會能改變我們的選擇習性，當實驗次數足夠大時，大數法則會發揮作用，於是改變我們的終點。怎麼做呢？從此地開始每日修練觀功念恩。

打從我在二〇一二年上企業營之後，接觸到、也常練習觀功念恩，然後進一步參加《廣論》研討班，一直到今天。我發現身邊有很多人的生命品質，愈過愈幸福，愈過愈好。他們是怎麼做到的呢？練習觀功念恩。

聽過不等於學會。

我們能不能在生活當中練習才是真正的關鍵，所以當我們開始練習觀功念恩時，有別於過去觀過念怨的習性，我們會慢慢感受到自己的生活品質與情緒管理愈來愈好。如果幸福就是你要的好運，練習觀功念恩就會改變你的命運，這就是改運的王道。在生活中，因爲你的正能量多了，你正向聚焦的習慣增強了，你會感恩別人對你的付出。隨著時間經過，驀然回首，你會發覺過去這陣子比較少生氣了，這時，你的運已經在改變中，因爲你在練習。

現在的問題是「練習量夠嗎？」

生活就是無數次的選擇，你會因爲練習騎腳踏車，摔了一次跤，就從此放棄騎腳踏車嗎？不會的！摔跤了，爬起來，再練。同樣地，有一天又被人家激怒了，破功了，你會否定觀功念恩嗎？

持續練習觀功念恩才是眞正改變命運的王道。

這篇分享，我從銅板的實驗說明「大數法則」是什麼概念，藉由大數法則來回看我們自己的人生，何以至此？到底影響人生命運的內在「銅板結構」在哪裡？答案在我們內在的選擇系統，在身口意。選擇系統只要是善的，不斷地練習（實驗）之後，雖然命運剛開始改變時只會有小小的差異，可是隨著時間過去，差異就會愈來愈大、愈來愈大，這就是幸福的王道。

See the good.

邀請您閱讀完本篇後，觀察與思考一個問題：

Q 思考一下文中的大數法則，請在自己的生活與工作中，試著舉一個大數法則例子。

今天，做了什麼好事？

今天，看到了哪些美好的人、事、物……

今天，要真心感恩的三件事……

最好的人生大獎

邀請您在閱讀本篇前，請先思考一個問題：

Q 假如有一台時空穿越機，可以回到過去改變「一個選擇」，請思惟我們的人生會不會就不一樣？

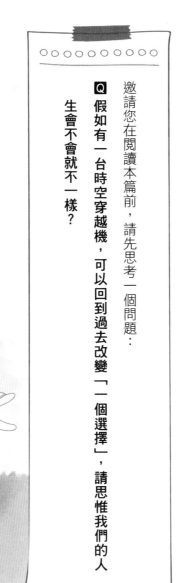

我每年過年都會買彩券，老家旁邊就有一家彩券行，每次跟家人吃完年夜飯後，就會一起散步去買，各買各的，這麼多年來，我從來都沒有中過獎，天啊！從來都沒有中過獎！開心！

根據研究發現，中獎之後，有將近七成的人到最後都破產。我們很難想像，怎麼可能啊？好幾億，甚至數十億新台幣，怎麼會搞到破產？爲什麼最後又打回原形呢？

哈佛大學著名的正向心理學教授塔爾·班夏哈（Tal Ben-Shahar），曾經來過台灣演講。他在哈佛大學開設的正向心理學，創下哈佛課程最多人選修的紀錄，有一千多個學生選修，當時他講了一個觀點：

「生命中的極端情況對幸福影響很小。」

他舉了很多科學家做的實驗跟研究，其中他提到他的同事，應該說是他的老師吉伯特教授所做的研究。吉伯特發現，哈佛大學的教授們最在意的就是拿到終身聘書。當大學認爲某位教授就是該大學的重要資產時，爲了簡化人事作業，不用再二年一聘、五年一聘，而是給的聘書終身有效，一間大學對教授最高的禮讚，就是給予終身聘書，也等於讓一個博士的工作得到保障。

吉伯特教授做了一個研究，那些「有拿到終身聘書」跟「沒拿到終身聘書」的教授們，在半年後，他們的幸福感有沒有變化？結果發現，在半年、一年後，拿到終身聘書的人並沒有很興奮，而是心情平平；那些沒拿到終身聘書的人，雖沒有通過考核，但也沒有很難過，一樣心情平平。吉伯特教授的研究結論告訴我們一件事——得到時的狂喜和失去後的低潮都會過去，認爲生命達到特定成就的成功，就會從此幸福了，沒有這種事！

童話故事不是常講，王子跟公主從此過著幸福快樂的日子嗎？好像只要達成某個特定成就後就可以過著這樣的日子，可是正向心理學的研究不支持這種看法，生命中的極端現象對人一生的幸福影響有限，我再把那句話講一遍，這是科學家研究統計出來的結果，一定要做筆記。

生命中極端的現象對人一生的幸福影響有限。

所以在生命的旅程中，沒有任何單一事件可以讓人持續過著幸福的日子。班夏哈教授也做了一個非正式調查，那一次他來台灣，接受採訪時講了一段故事。

哈佛一千多位學生坐在大禮堂裡，他問現場一千多個選修幸福學的學生：「當你收到哈佛大學錄取通知時，你很快樂的，請舉手！」全場幾乎都舉手。

接著，他問第二個問題：「當你接到哈佛大學的開學通知時，很幸福的，請繼續舉著！」還是很多人舉著。

現在，學期已經開始，已經在哈佛大學上課，班夏哈教授問第三個問題：「你今天很快樂，請繼續舉著！」很多人就放下了。

想像一下，一個台灣的大學生，考上台大醫學院很興奮，第一次走入台大醫學院很興奮，然而上了一學期後，問他是不是還那麼幸福？相信他的手也會放下，爲什麼？因爲那是一個極端事件，隨著時間過去，他的幸福感也會慢慢下降，這意謂著一個概念：

我們的幸福不是取決於一次關鍵決策。

我們習慣高估生命中某次關鍵決策對我們幸福的影響，譬如「等我考上台大，我就幸福了」，這個就叫「關鍵決策」。「關鍵決策」也有可能是負面事件。例如，我的幸福完全被那次的交通意外事故毀了，那你也高估那一次交通意外了，因爲我們太容易疏忽無數次的平常決策，我們低估了平常決策對幸福的影響力。正向心理學還有一個非常有名的研究結論：

幸福的頻率比強度更重要。

研究證明：「判斷一個人有多快樂，看他正面感受的頻率，遠比看他正面感受的強度可靠。」這是非常精要的結論。如果我們眞的覺得有一百萬就幸福了，年輕的時候不就爲了拚那第一桶金嗎？後來，眞有了一百萬後呢？現在銀行存款裡不只一個一百萬，而是有好幾個一百萬，幸福有更多嗎？

我讀研究所時說，如果我有一台三陽喜美汽車就幸福了，結果呢？事實證明不是這樣。出了社會工作，說如果能夠有一棟房子就幸福了，結果呢？現在有了，有比較幸福嗎？幸福學研究指出，眞正影響人一生幸福的品質是「正向情緒出現的頻率」，而不是「正向情緒的強度」。

如果我們聚焦在「那件事情」有達到才幸福的時候，等於暗示自己現在處於不幸福的狀態。因爲要達到那個目標我們才幸福，現在還沒達到，不就是暗示自己還不幸福。我們不自覺地創造一個環境，暗示自己處在不幸福的狀態，非要達到或得到一個外在事物後，我們才能夠幸福。

我們常在聊天中講「如果當時我……就……」，回顧過去的人生經歷，總會有一些後悔的選擇。要不是當初遇見這個男生，我怎麼會怎樣怎樣；要是當年不結婚就怎樣怎樣；要是當年沒有入錯行就怎樣怎樣。這些其實都只是我們茶餘飯後的情緒發洩，如果眞的給你時空穿越機，讓你可以回到過去，你可以回去跟當時的自己講三分鐘的話，改變一個選擇（決定），你會跟自己講什麼？

你會對「那個年輕的你」說不要去某某公司上班嗎？還是你要跟他說台積電在一百五十塊時，有多少錢就買多少。如果你眞的穿越時空去跟「那個年輕的你」講了，我告訴你，他到最後還是會在一百八十塊就賣掉了，而且還會很開心，爲什麼？這是習性。還有更糟糕的，他一百八十塊沒賣，二百塊也沒賣，殺到一百二十塊時他認賠殺出，怎麼會這樣？也是習性。寄望人生一次極端的選擇，從此幸福美滿，有點不太實際。前一篇〈我們要如何改運？〉提到大數法則：

當實驗數量足夠大的時候，大數法則就開始發揮作用，當我們討論一生的命運時，我們的命運不取決於一、兩次選擇，而是取決於我們大量的選擇，尤其是幸福這件事。

反過來說，人生難免有讓人後悔的選擇，假設你當年曾經犯過一、兩個錯誤，也請不要糾結，我們可以用更多正確的選擇稀釋掉這件事。因爲相對人生數百萬次的選擇，你可能高估了那次選擇對幸福的影響力。

最後，我想介紹史蒂芬．霍金（Stephen Hawking），跟愛因斯坦齊名的科學家。他二十一歲時，知道自己得了一種不治之症，運動神經元疾病（Motor Neuron Disease，簡稱MND），俗稱「漸凍症」。當時有人採訪他，他講了那麼一句話：

二十一歲的時候，

我對人生的期待降到零，

從此之後，

所有的事情在我眼中都是恩賜。

從這句話裡，看到一位觀功念恩的實踐者，爲人類的物理學界開創新局，對人類貢獻良多，這篇短文就用這句話收尾吧！

最好的人生大獎不是中彩券，因爲很多人中了彩券到最後也不幸福，有些人本來還活得幸福，結果突然出現一筆大錢後，反而過得煩煩惱惱。這是眞的，國外有專爲這些中樂透的人們成立社群，因爲他們無法與以前的親友一起生活，疑神疑鬼，怕錢被騙、被借，所以——

最好的人生大獎不是中彩券，

而是調整你的選擇系統。

一個知道自己得到絕症的人，全身癱瘓，還是可以過得幸福，活到七十幾歲還能爲人類的物理科學研究向上提昇一大步。所以說到改運，其他方法我不清楚，也無法評論，但我知道觀功念恩這個方法對我管用。近幾年來，隨著練習量增加，生活與工作中的煩惱愈來愈少，錢雖沒有像以前上班賺得多，可是覺得很開心。對我而言，這就是幸福的日子。

See the good.

邀請您閱讀完本篇後，觀察與思考一個問題：

Q 人生難免犯錯，或許是無知，或許是不懂得珍惜，也可能是情緒衝動。讀完此篇後，對於「請不要沉溺在犯錯後的傷痛與後悔中，人生很長，我們可以用更多正確的選擇稀釋掉這件事」，請問您認同這個觀點嗎？思考一下過去曾犯下的錯，現在還會再重複犯嗎？

今天，做了什麼好事？

今天，看到了哪些美好的人、事、物……

今天，要眞心感恩的三件事……

第六章

我們總把事情搞得太複雜

改變磁場的密碼

邀請您在閱讀本篇前，請先思考一個問題：

Q 請先用猜的，估算一下自己大約有幾雙鞋子？不管什麼鞋。等估算完後，再去鞋櫃算一下，總共有幾雙？這個作業很有意思，請把書先放下。

如果有個男人向女朋友求婚，女朋友說YES之後，說她不會煮飯，可是那個男人又很在意這件事情，因爲他覺得一個家最起碼要有一些油煙味，廚房的火要能夠常常點才會旺。通常有這種想法的人大概是客家男人，因爲我就是客家子弟。假設你遇到以上情況，那怎麼辦？

剛開始學習一起生活，因爲重視在家裡吃飯，老婆不會煮，怎麼辦？還好她肯學。有一次我下班，回到家突然聞到，咦！有滷肉的味道，心裡冒起念頭，哎呦，我老婆下廚了。可是老實說，滷得太鹹。這時候你會說好吃嗎？

當然要說好吃了，我的答案也一樣。我是極盡誇張地取悅老婆，覺得她煮得太好了，可是事實卻太鹹。爲什麼明明太鹹，還要虛情假意、裝模作樣地講這種話呢？因爲：

烹飪結果很重要，

烹飪這個行爲更重要。

我是學企業管理的，企業界裡的教育訓練，我們有一套模組和一些基本的理論基礎，所以我很誇張地吃那頓飯。事後，當老婆坐下來嘗了自己煮的菜，她會說：「哎呀！太鹹了，這怎麼那麼鹹！」給一點時間與空間，她會發現自己的問題。

可是如果你現在講：「這太鹹了！」她會受到挫折，那就不知道什麼時候她才會再提起勇氣煮飯。跟大家分享的這個概念是心理學教我的：

行爲的後果影響此行爲再出現的機率。

簡單地說，任何一個行爲的後果，如果是好的，再出現的機率就會比較高；如果這個行爲的後果是不好的，再出現的機率就比較低。聚焦在「行爲」而不是「那個人在想什麼」，因爲行爲才是眞正重要的關鍵。當看到他人的行爲是我們樂見的，那有沒有給他正面的回饋就很重要，不能等閒視之。他的行爲得到正面的回饋，就會感覺到正能量和別人的認同，這個行爲再出現的機率就高了。

我相信你常穿的鞋子就是那兩雙。爲什麼？因爲它給你正面的回饋，因爲舒服、好搭衣服、有人讚美過、方便穿脫等等，一定有個正向的結果，讓你在鞋櫃那麼多雙鞋子中，選擇最常穿那兩雙。而更奇怪的是，有位姐妹說她很少穿很貴的鞋子，通常都穿覺得弄髒了比較沒關係的低價鞋，相對比較自在。而那雙八、九千塊的鞋子躺在鞋櫃裡，久久才穿一次。如果鞋子有靈魂的話，心中肯定嘀嘀咕咕地說：「奇怪，爲什麼主人都不穿我呢？我那麼貴，他花了那麼多錢把我請回家，結果穿沒幾次。」我相信它一定很

畫出你的生命之花

自我療癒的能量藝術

作者／柳婷 Tina Liu
定價／450元

靜心覺察、平衡左右腦、激發創造力

生命之花是19個圓互相交疊而成的幾何圖案，象徵著宇宙創造的起源，這古老神祕的圖騰，不僅存在於有形無形的萬事萬物中，也隱藏在你我身體細胞裡。

繪製一幅生命之花，除了感受到完成作品帶來的成就與喜悅，還能在藝術靜心的過程中往內覺察自己，得到抒壓。其特殊的作畫過程可以啟發我們左右腦的平衡運用。這些神聖幾何的親自體驗，也一定會讓人對生命哲理有更深入之領悟，這就是改變的開始！

延伸閱讀

能量曼陀羅：
彩繪內在寧靜小宇宙
定價／380元

法國清新舒壓著色畫50：
療癒曼陀羅
定價／300元

法國清新舒壓著色畫50：
幸福懷舊
定價／300元

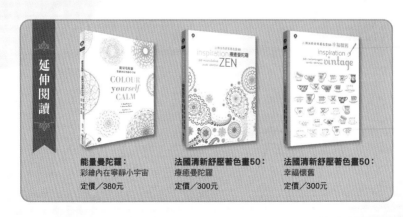

女神歲月無痕——永遠對生命熱情、保持感性與性感，並以靈性來增長智慧

作者／克里斯蒂安・諾斯拉普醫生（Dr. Christiane Northrup）　譯者／馬勵
定價／630元

美國第一婦產科權威、《紐約時報》暢銷作家的第一本女人保健聖經！

本書作者克里斯蒂安・諾斯拉普醫師是美國婦產科權威，亦是一位有前瞻性的女性保健先驅。經過數十年臨床職業生涯，她現在致力於幫助婦女學習如何全方面提高身體健康，為非常多健康、身心靈的暢銷書當過推薦人。本書是她依女人和專業醫師的不同身分出發，告訴讀者如何改變對於年齡增長的焦慮，不用醫美、不用整型，就可以自信、快樂地活著！

願來世當你的媽媽

作者／禪明法師　繪者／KIM SORA　譯者／袁育媗
定價／450元

全彩插圖+簡潔文字，讓人輕鬆享受閱讀

全書由一則則短篇故事組成，作者以簡單易懂的文字描述寺院裡的日常生活及其修行體悟，再加上繪者溫暖可愛的插圖，將書中的人物畫成貓的模樣，讓讀者能輕鬆地透過閱讀領略書中滿溢的親情與人生的道理。

沒有媽媽的女兒——不曾消失的母愛

作者／荷波・艾德蔓（Hope Edelman）　譯者／賴許刈
定價／580元

《紐約時報》暢銷書，Amazon五星好評，累積至今發行超過五十萬冊

Amazon上千則好評，《紐約時報》、《華爾街日報》等媒體盛讚「撫慰人心，痛苦卻解憂，與各年齡層失去母親的女性產生共鳴。」的療癒佳作。本書集結作者對眾多喪母之女的訪談，將個案親身經驗結合心理學理論來說明，女兒如何熬過當時的情緒風暴，走過那條孤單的路。書中也提到，積極為已逝的至親哀悼，正視其離開所帶來的傷痛，並從中平復，能減緩這周而復始的傷痛且得到慰藉。

輪迴可有道理？
——五十三篇菩提比丘的佛法教導

作者／菩提比丘（Bhikkhu Bodhi）　譯者／雷叔雲
定價／600元

自我轉化、自我超越的修行

本書共收錄菩提比丘的五十三篇文章，這些文章顯示他如何既深又廣地弘揚佛陀超越時代的教法，不僅能簡要地闡明如何將佛法融入日常生活，又能解說繁複的教義，卻絲毫不失佛法與今日世界的相關性。內容包含了佛教的社會道德、哲學、善友之誼、聞法、輪迴、禪法、張狂的資本主義後患，以及佛教的未來。

祈禱的力量

作者／一行禪師（Thich Nhat Hanh）　譯者／施郁芬
定價／300元

熱銷15年，一行禪師揭示祈禱帶來的力量

一行禪師在書中介紹祈禱的重要。不分國界、宗教，不論情緒好壞、身在和平或戰爭之際，人們都會祈禱，就像是與生俱來的本能。祈禱滿足了我們日常的需求，對健康的渴望、事業的成功和對所愛之人的關切，這強大的力量也讓我們能專注當下，與更高的「我」緊密結合。

夢瑜伽與自然光的修習

作者／南開諾布仁波切　譯者／歌者　審校者／The VoidOne、石曉蔚
定價／320元

夢境所反映的是現實的渴望、恐懼與期待，
在夢中修習，跳脫夢境的桎梏，進而增進自己心靈上的覺知。

本書摘自南開諾布仁波切的手稿資料，強調在作夢與睡眠狀態中發展覺知的特定練習，再予以擴展與深化。在此書中，南開諾布仁波切歸納了特定的方法，用以訓練、轉化、消融、攪亂、穩固、精煉、持守和逆轉夢境；此外，他還提出了個人持續在白天和夜晚所有時刻修行的練習，包含發展幻身的修習、為開發禪觀的甚深淨光修習，以及死亡之時遷轉神識的方法。

不高興，充滿了怨氣。後宮佳麗三千，不選皇后，專挑宮女，奇哉，奇哉。

「行為的後果影響此行為再出現的機率」是這篇短文的核心觀念，而且經過科學家證明。這件事聽起來好像很簡單，但親愛的，不簡單啊！你會發現在生活中有很多人一直違反這個基本概念，所以身邊一直圍繞著不如意的事情。

有一回去同學家串門子，他老婆在喝茶時講到現在小孩子都不幫忙做家事，語氣帶著抱怨。那天剛好小孩放學回家，就看到小孩自己去外面收衣服。我們不知道什麼狀況，猜想可能學校老師教小孩要幫忙做家事，所以那天他就主動去收衣服。結果，不巧衣服下襬還沒有乾，他就收進來了。

當時，同學的老婆就直接開罵：「衣服沒有乾，怎麼把它收進來？blablabla……」我一聽就知道完了，下一次小孩子要幫忙做家事不知道是什麼時候？好不容易有一次正向行為，可是行為的結果是不好的。

我們只看到結果不如己意，沒有看到這個行為是我們要的，於是觀過念怨啓動，這一講，她自己的預言就成眞，現在小孩子都不做家事，都不幫忙。所以同學的老婆常遇到不如意的狀況其實是自己造成的，我們常因為聚焦在不好的結果（no good），沒有看到正確的行為（good），所以不如意的情況就一直在身邊發生。

如果當時媽媽看到的是小孩子幫忙做家事這個行爲，哪怕結果是不如意的，可是這個行爲是我們要的。就如同我老婆在學烹飪時，雖然菜是搞砸了，但那個行爲是我要的呀，我要的是烹飪這個行爲能夠重複出現，就像我同學他老婆要的是小孩子幫忙做家事這個行爲能夠重複出現。從「行爲的後果影響此行爲再出現的機率」這個核心概念出發，這位媽媽忽略了改變小孩行爲的契機，於是常常覺得生活不如己意，其實，這位媽媽自己是要負點責任的。

參加喜宴或家族聚餐，有沒有聽過有些家長會抱怨自己的小孩都不吃青菜？當他們在講這件事時，好像是爲了博取大家的認同。小孩子的飲食習慣是後天學來的，一定是家裡的教養過程忽略了這個原則，造成自己必須面對這樣的境界。

身邊有沒有出現喜歡的事情、人或行爲，自己是要負些責任的。因爲當正確的行爲出現時，試問自己是否有即時給予對方讚美或肯定？

分享以前職場的故事。那年我擔任一家台灣連鎖事業的管理部副總經理，常常要到各個縣市的分公司視察業務。有一天我到了苗栗，在整個連鎖系統裡苗栗分公司是很小的單位，人數並不多。那天剛到苗栗，天氣很熱，所以在路邊就叫了一杯飲料。突然不知道哪根筋起作用，打電話問苗栗分公司的櫃檯：「你們那邊有幾個人？」櫃檯女工讀生說：「江大哥，有五個。」我說：「好啊，待會帶個飲料請你們。」

我就臨時起意帶了五杯手搖飲料過去，我平常不會這樣做，這回只是順手。當我帶著五杯飲料進去分公司，在接待客戶的櫃檯前，那位工讀生用極度誇張的肯定語氣說：「江大哥你最好了！就你會請我們喝飲料，你最棒了！」

我的天啊！我不過只是臨時起意，如果全台灣分公司都要我請喝飲料，那我的薪水怎麼夠用？今天只是想說自己正在喝，所以就順便帶一下。你知道工讀生跟連鎖事業的副總階級差多少嗎？可是打從那次之後，我只要去苗栗分公司，就都會買飲料過去。其實我很掙扎，但人家這樣肯定我們，如果空手去的話，就好像沒有達到別人的期待，於是我就帶了。

想想看，工讀生怎麼可能會影響副總經理的行爲呢？很簡單，行爲的後果影響此行爲再出現的機率。回到本文一開頭的問題，你到底有多少雙鞋子？很多雙。那最常穿的爲什麼就那幾雙？很簡單，行爲的後果影響此行爲再出現的機率。

改變磁場的密碼就是讚美你所樂見的行爲，

這也是覩功（See the good）的運用。

發現美！讚美！

也就是說，如果看見我們樂見的行爲，先不要管結果好或不好，問自己這個行爲是不是我們要的？我們希不希望它重複出現？如果需要，那我們就要讚美與肯定，給他正向的回饋。那在這個過程中，對方得到正面的回饋，行爲就會如同雨後春筍般重複出現在我們生活周遭！心理諮商師陳志恆曾經在無憂花分享兩句重要的結論：

1. 人的行爲不會一成不變。
2. 人的努力總是希望被看見。

人的行爲表現不會一成不變，這一點倒是跟佛學的「無常」很貼近，雖然負向的（我們不樂見的）行爲居多，但也會有好的行爲出現。例如小孩子喜歡滑手機，一個人不可能二十四小時都在滑手機，當小孩不滑的時候，我們有看到嗎？可是我們常常講：「一天到晚滑手機」或「你每次都這樣」。當我們講這些話時，不自覺地否定他曾經出現過我們樂見的行爲。志恆老師提醒家長要注意孩子正向的行爲，因爲孩子的努力也希望被看見，這叫「正向聚焦」的生活態度與能力，需要學習與練習。

親子關係如果能夠正向聚焦，小孩就會有自信，一旦有自信，他會慢慢地想成爲好孩子。因爲小孩都想取悅自己的爸爸媽媽，所以在這個過程中，他會慢慢地修改，甚至主動修正自己的缺點行爲。很多小孩子到最後爛給我們看，就是因爲他發覺沒有辦法取悅我們，既然無法取悅，那擺爛就可以讓我們痛苦一點，心理學家稱這種報復行爲叫「被動攻擊」。

配偶的關係亦復如是。如果與配偶說話常用「你都這樣」「你總是……」或「你每次……」的句型開頭，對方會解讀爲我們否定他這個人，一旦防衛心出現，衝突就很難避免。刻意地練習觀功念恩，練習看到身邊人的亮點（功德），針對那個亮點給予他人肯定，讚美我們所樂見的行爲，就是改變磁場的密碼。我們一起努力！文末引用《希望．新生【四季法語】》的〈104〉作爲結語。

讚美是最簡單的心鑰，
其實跟別人說幾句讚美的話，
他就開心了。
但我們總把事情搞得太複雜，
不會用非常簡單的方式處理。

See the good.

邀請您閱讀完本篇後，觀察與思考一個問題：

Q 想改變自己生活與工作的磁場嗎？請您今天或明天找五個身邊的人，發自內心真誠地讚美他們，或是表達我們的欣賞或感謝。不是為了別人，是為了自己生命中美好的一天。試試看，不會後悔的。

今天，做了什麼好事？

今天，看到了哪些美好的人、事、物……

今天，要眞心感恩的三件事……

世上最簡單的心鑰

邀請您在閱讀本篇前，請先思考一個問題：

Q 在過去成長的歲月中，您很認真地做某件事情，期待別人的欣賞與肯定。後來，得不到對方的回饋後，慢慢地愈做愈少，最後就不做了。回憶一下，有過這種經驗嗎？

假設有一個學生，坐在教室最後面，老師站在黑板前講課，學生有問題想要問老師，於是舉手，其實，老師有看到學生舉手，但是沒有點他，繼續講課。

這時候，如果你是這個學生，你心裡頭會怎麼想？會不會老師沒看到呢？那再舉一次，老師一轉身回來時，你又再舉一次手，這次你很肯定老師有看到你舉手，可是老師沒有點你，想想這個狀況你會舉第三次嗎？

行爲學家發現，如果人的行爲沒有得到他想要的回應時，行爲會慢慢地不見，沒有懲罰，只是沒有正向的回饋。就像那位學生，他覺得好像沒效果，所以他就不舉手了。

爲什麼要講這件事情呢？因爲我們在談到行爲不會一成不變這件事情時，有時候人總是會出現好的、正面的行爲。現在要講的情況是行爲得不到肯定時都將逐漸消失。

所有我們樂見的行爲，得不到讚美時都將逐漸消失。

讚美我們樂見的行爲，那這個行爲重複出現的機率就會高。反面來看，如果我們樂見的行爲得不到讚美跟肯定，也將逐漸消失！有時候我們在家庭或職場生活中，一個好行爲的消失並不需要懲罰，只要行爲被視爲理所當然，該行爲得不到正向回饋時，就會慢慢消失。

理所當然是幸福感的殺手，
這句話確實值得我們深思。

在談念恩的時候，說爲什麼我們要念恩？因爲理所當然是幸福感的殺手！當我們認爲這件事情是別人應該爲我們做的時候，是生起不了正面能量的。兩種情況，一，別人做到了，我們覺得他是應該的啊！二，別人沒做到，那我就生氣了！所以我們是在「沒有情緒」跟「負面情緒」之間做選擇而已。心理學家觀察我們身邊的人出現正確的行爲時，我們不給他肯定，久而久之我們喜歡的行爲將會消失，這樣的狀態叫作弱化。

卡內基是非常有名的企管顧問公司，他們最有名的課程叫作「溝通與人際關係」，這門課程有近百年的歷史，課程的天條，也就是第一條叫〈不批評、不責備、不抱怨〉；第二條〈給予眞誠的讚賞跟感謝〉。

寫到這裡，突然覺得卡內基有極高的觀功念恩素養。第一條，不批評、不責備、不抱怨，像不像「不宜觀過念怨」？第二條，給予眞誠的讚美與感謝，這不是觀功念恩，那什麼是觀功念恩？這樣子的課程在全世界風行，歷久不衰。

面對批評，我們堅強奮鬥。

面對讚美，我們軟弱無力。

面對別人批評的時候，我們心中的形象就好像戴著拳擊手套的選手，例如說對方是我們的主管，他在指責、批評我們的時候，我們閃躲如飛，偶爾見縫還回他一拳。如果我們眞心想要改變你身邊周遭的磁場，用指責、批評與念怨，面對的將是一群堅強奮鬥的人。

用說教、指責或念怨的方式表達善意，重複指責、念怨了那麼多年，有效果嗎？甚至會不會有反效果？有時候我們知道爸爸媽媽是爲小孩子好，可是如果方法是不對的，你是用觀過念怨的方式去處理親子關係，忠言一定要逆耳嗎？良藥一定要苦口嗎？

良藥苦口，一喝就吐，怎麼利於病？

忠言逆耳，一聽就煩，怎麼利於行？

當我們在練習觀功念恩的過程當中，假設我們眞的很希望能夠改善我們身邊的磁場，科學家認同的方法就是不斷地用肯定與讚美跟我們一起生活的人，不斷地讚美我們樂見的或善的行爲，持續地做，會讓我們有好的人際氛圍，讚美其實就是答案！

一般問題常是我們能不能發現美?也就是觀功（See the good），當我們有一雙發現美的眼睛，再加一個「讚美」的動作。誠如《希望．新生》書中說的「其實跟別人說幾句讚美的話，他就開心了，但我們總把事情搞得太複雜，不會用非常簡單的方式處理。」因此，好心很重要不用討論，我們發覺好嘴更重要！

有好嘴才能讓好心的目標成功。

最後，總結一下，

1. 上一篇〈改變磁場的密碼〉，我們提出一個很重要的觀點與行動準則，就是「讚美你所樂見的行爲」。
2. 這篇〈世上最簡單的心鑰〉我們提醒一個反思的觀點，如果你不常讚美身邊正確的行爲，那麼這些行爲會弱化，甚至到最後會消失不見。
3. 人們的習性在面對讚美總是軟弱無力的，所以多用讚美去改善身邊的人際關係，自然也就改善了自己生活的磁場。
4. 但是有一個前提，那就是：

我們要培養發現美的能力，
如果觀功練習不夠，
有什麼東西可以讚美呢？

See the good.

邀請您閱讀完本篇後，觀察與思考一個問題：

Q 針對「良藥苦口，一喝就吐，怎麼利於病？忠言逆耳，一聽就煩，怎麼利於行？」這幾句話，思惟一下，提醒我們什麼？帶給我們什麼啟示？

今天，做了什麼好事？

今天，看到了哪些美好的人、事、物……

今天，要真心感恩的三件事……

第七章

富裕人生的終極策略

幸福感到底取決於什麼？

邀請您在閱讀本篇前，請先思考一個問題：

Q 請問你對現在的生活感到？（單選題）

A、非常幸福

B、幸福

C、一般

D、痛苦

E、非常痛苦

一九八八年，霍華德・金森（Howard Dickinson）那年二十四歲，正在哥倫比亞大學念博士班，他很好奇「人的幸福感到底取決於什麼？」。開頭請你選擇的問題，就是當年他的博士論文問卷，題目很簡單。博士論文的方法論是一種科學，有很多應變項與自變項的統計分析，這些我們略過不談，單純談人們到底覺得自身現在的狀況如何？當時金森發出一萬份問卷，回收五千兩百多份。

在這五千兩百多份問卷中，有一百二十一份回答：A、非常幸福。於是他透過統計學研究，把資料做族群分析，並對這一百二十一人做深度訪談，他發現有兩個族群很具體。有一個族群是事業很成功的，都是一些白領、專業經理人、會計師、律師等等，有五十人；另一群有七十一人，是普通的平凡人，有在市場賣菜的、有在一般公家機關上班的職員等等，就是非常平凡的升斗老百姓，淡定、知足與感恩是他們的共同屬性。

統計分析後，金森博士發表他的研究結論：

有兩種人是最幸福的——

1. 功成名就的人。
2. 淡定知足的平凡人。

所以當時他建議：「幸福人生有兩大策略，一追求事業成功，二透過心靈教育。」一百二十一個人中，有五十個事業成功的「功成名就組」，七十一個心靈非常富裕的「心靈富裕組」。那年，他的指導教授給這篇博士論文非常高的分數，二十四歲拿到博士學位畢業後，他繼續待在哥倫比亞大學擔任教授，二十年後，金森博士拿到了終身聘書。

二〇〇九年六月，他在整理書房時，不經意地看到自己當年的博士論文。他想，二十年了，如果我現在去訪問那一百二十一個人，他們的答案還會一樣嗎？他很好奇，花了三個月的時間調查，尋找這一百二十一個人，問他們同樣的問題，請問你對現在的生活感到：

A、非常幸福
B、幸福
C、一般
D、痛苦
E、非常痛苦

金森博士發現，在二十年後，心靈富裕組的這一群人當中，有兩位已經過世了，可是剩下的六十九人還是回答非常幸福，也就是百分之百沒有改變答案。這群人當中，有人事業成功了，有人像遊民一樣領失業救濟金過日子，可是他還是很幸福。他說：「我的答案沒有變。」

讓人訝異的是功成名就組的那五十個人，只有九位回答非常幸福，也就是只有百分之十八的人回答：「我的答案沒有改變，還是非常幸福。」有些人因爲降職，有些人事業失敗，有些人被資遣，很多人都因爲工作與事業的改變，進而改變他們原先的答案。更讓人感到意外的是，有十六個人感到「痛苦」，甚至有兩個人曾經想過自殺，因爲「非常痛苦」。

金森博士在二十年前建議：「幸福人生有兩大策略，一追求事業成功，二透過心靈教育。」可是看著二十年後這個全新的調查數字，他突然覺得幸福人生有兩大策略的結論好像有問題，於是他關起房門消化這些資料，兩個禮拜後，寫了一篇文章，在《華盛頓郵報》充分地交代二十年前跟二十年後的資料。

《華盛頓郵報》在刊出金森博士的文章後，聽說一天內加印了六次，因爲那時候手機不普及，大家都在電話裡說：「趕快去買一份報紙，金森博士找到幸福的密碼。」因爲那篇文章標題就叫〈幸福的密碼〉。結論是什麼呢？

靠外在物質支撐的幸福感都不持久，

心靈富裕才是幸福的眞正泉源。

有意思的是，因爲報紙大賣，已經是終身教授的金森博士，非常誠懇地在《華盛頓郵報》刊登道歉啓事，他說：

二十多年前，我太過年輕，誤解了幸福眞正的內涵。而且我還把這種不正確的幸福觀傳達給我的許多學生。在此，我眞誠地向我的這些學生致歉，向幸福致歉！

霍華德．金森　敬上

很有意思的一位教授，向自己以前的學生致歉：「我錯了，幸福只有一條路，就是好好地專注在心靈教育，安貧樂道、知足、惜福、感恩，這些美好的美德才是眞正的幸福之道。」

二十年的研究資料顯示，靠外在事物支撐的幸福不究竟，這有點像日常老和尚講的

「心靈爲主，物質爲輔」。「物質爲輔」不是物質不重要，只是不是最重要的，這裡面有個概念叫「究竟」，究竟是什麼意思呢？究竟意指「到底」。舉個例子：「他又哭又笑的，眞不知道究竟是悲傷，還是高興？」；還有它也代表「眞相」跟「結果」。舉個例子：「聽說那座山蘊藏金礦，我們決定前往一探究竟。」

從金森博士的研究中，我們可以得到很完整的策略，幸福人生最究竟的策略是什麼？追求事業成功沒有人說是錯的，但是——

富裕人生眞正究竟的策略，是「透過心靈教育提昇幸福感」。

其實在你我身邊應該可以看到很多實例，有些人賺了很多錢，可是他不快樂。有些人可能沒什麼錢，在社區當警衛，可是天天笑口常開。如果我們把人一生最終極的目標叫幸福，那麼最究竟的策略就是從心靈教育下手。

See the good.

邀請您閱讀完本篇後，觀察與思考一個問題：

Q 請問二〇四〇年時，您幾歲？面對台灣即將面臨的「超高齡社會」，請大家思惟一下，我們的生活即將面臨什麼樣的問題與挑戰？要準備什麼？您有準備嗎？

今天，做了什麼好事？

今天，看到了哪些美好的人、事、物……

今天，要眞心感恩的三件事……

理財最究竟的策略

邀請您在閱讀本篇前，請先思考一個問題：

Q 以現在的物價而言，如果想過安康的生活，或是您自己理想中的退休生活。考慮自己就好，您覺得一個月大概需要多少錢就算滿意了？

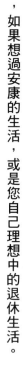

有一位前輩，我們都尊稱他學長。有一回到他老家聊天，我們談到「護老」，也就是台灣未來即將面臨超高齡化社會的趨勢。學長以前是企業家，突然他提到「被動所得」一詞。

民國七十幾年時，我在台北證券金融業工作，正職就是證券投資與理財業務的推廣與教育。雖然那是很久以前的事，但我依然記得每天中午一收盤，就趕去中視午間新聞的攝影棚，大約利用三分鐘的時間，向全國觀眾說明今天股票市場的動態與扼要評論。

無憂花學堂於二〇一六年成立至今，都有在推廣正確的理財觀念，當學長提到「被動所得」時，我突然有點吃驚，笑著說：「天啊！『被動所得』是一個理財專業名詞，這個您也知道。」他笑著用台語回：「我當然知道！」

我說：「其實年輕時早點知道正確的理財王道知識是非常重要的，有正確的投資理財習慣，就可以避免掉入無知與貪婪的陷阱，讓多年辛苦的積累化爲烏有。說到護老，應該要有這樣的課程，提醒更多人爲自己的老年生活做準備。」

他說：「對！你趕快開課，趕快講，年輕人、中年人、老年人都要講，因爲有正確的理財觀念對老年生活很重要。」

當時，我記得我笑著說：「未來開課時，我可以引用學長這段話嗎？」

他也笑著說：「可以！你趕快去開這門課。」

何謂「被動所得」？用最淺白的一句話來講，就是「從『持有的資產』所產生的收入」，例如利息收入、房租收入或股利收入等，我們如果用更誇張的講法，就是：

你躺著睡覺，

有人會把錢放到你口袋的所得。

被動所得對應的是什麼？就是「主動所得」。必須靠自己努力工作換取的所得，例如薪資或工資收入。在過去推廣理財教育的過程中，我們發現一般人通常有下列常見的習性：

- 理財是有錢人的事，等我有錢再理。
- 有儲蓄的美德，少了投資的習慣。
- 努力爭取主動所得，忽略了被動所得的經營。
- 誤以爲投資就是要操作，不知長期持有的威力。
- 害怕資產波動（風險），卻又將錢放在最不安全的地方。

簡單地說，人生理財的終極問題是：「當我不能工作或不願意工作時，有沒有收入讓我過像樣一點的生活？」說到有尊嚴的老年生活，最關鍵的只有兩個最基本問題：

第一，你不能工作或不願意工作時，一個月會有多少收入？（也就是非勞力所得）

第二個最關鍵的問題，本篇開頭已經問過了，就是「以現在的物價而言，如果想過安康的生活，或是您自己理想中的退休生活。考慮自己就好，無需考慮其他人，您覺得一個月大概需要多少錢就算滿意了？」

回答這兩個問題後，您的理財終極目標與現況就出來了，最簡單的的王道目標就是：

理財終極目標是「非勞力所得」大於「生活總開銷」。

以第二個問題來舉例，你說想要有五萬，假設你的薪水現在就是五萬，你很高興地說：「江老師，我現在一個月薪水有五萬啊，一個人生活也只要五萬就夠了。」不是的！我不是問薪資收入，是問：「如果不上班、不工作，你有沒有一個月五萬塊？如果有，那你就自由了。」

你已經有生活總開銷這個答案，不過有些人很可能低估。你如果有認眞記帳，眞的一個月一萬五、兩萬就可以過日子嗎？如果可以，那要跨越理財終極目標就太簡單了，說不定每年政府給的國民年金就夠用了。你認真工作到六十五歲後，政府跟你有個約定，每個月要給你多少錢生活。這個錢如果大於你的生活總開銷，你就可以過安康的晚年生活。

但如果你說：「我要十萬！」那請問你的非勞力所得一個月有十萬嗎？你不工作的話一個月會有十萬進帳嗎？如果有，那當然是最棒的。如果沒有，顯然比起一個月只要兩萬的人，你就要更辛苦一點，要多買進一點資產。

從這個理財終極目標就可以看到，其實只有兩條策略（手段）：

1. 增加非勞力所得（持續買進會產生收入的資產）。
2. 降低生活總開銷。

如果希望自己晚年生活不虞匱乏，要不就是開源，只是開源有特定的定義，就是你要買進資產。打個比方，你有沒有房子出租給別人？如果有，一個月的房租是一萬八，那你就有非勞力所得一萬八。你持有的股票每年配給你的股息大概是多少錢？還是你持有債券？或是基金？接下來，我們一起檢視這兩條王道手段。

第一條，增加非勞力所得，不是勞力所得。

增加勞力所得當然很棒，把能力提昇後就會愈領愈多，但值得討論的是，你靠勞力賺來的錢有去買進資產，讓它產生非勞力所得嗎？

如果你只有三十幾歲，第一次聽到這個提醒，那你太有福報了。我再重申一遍這個重要問題，在追逐薪資成長的過程中，當每個月有結餘，你有利用這個結餘去買進資產來產生非勞力所得嗎？注意！要持續地買進會產生收入的資產，不會產生收入的資產不在考慮範圍內，因爲它不會產生被動所得（非勞力所得）。

第二條，降低生活總開銷。

如果你在這個不等式——「非勞力所得大於生活總開銷」，你的總開銷很低，那麼需要的非勞力所得就很少，就比較容易自由。很多人在講「財富自由」時，常忽略自由而聚焦在財富。財富只是手段，自由才是目標，對吧？我們可以不再跟人家伸手要錢就可以過得安康，這是我們的晚年生活有尊嚴的關鍵。

你一定要找到這兩個答案。到底我現在一個月非勞力所得有多少？如果是因爲你的長輩留下來很多資產，那是你的福報，那眞是太好啦！你要爲這個社會多做一點。如果你不夠，那看差多少，因爲你的生活總開銷就是關鍵。譬如現在大概還差一萬，那接著下來的日子你就知道要買進「一個月能產生一萬塊的資產」，就清楚大概還有多少路要走了，清楚現況與目標的距離可以降低焦慮，因爲我們知道爲何而戰。

也許你會說：「我現在已經快六十歲了，怎麼可能？」

如果你沒有辦法再增加非勞力所得，那麼降低生活總開銷就是王道的策略！很多歐洲人現在到泰國、柬埔寨、越南養老，爲什麼？因爲他們在他們的國家活得拮据，同樣的錢拿到東南亞過日子，就很寬裕！當年歐債風暴時，聽說一位希臘的公民每月領到的退休金約折合新台幣八萬元，在希臘很難生活，在東南亞卻過得很滋潤。

我的大學同學退休後，把台北的公寓賣掉，到台中買一棟公寓，不僅生活在同樣坪數的房子，天氣又好，而且還多出很多錢，這就是降低生活總開銷的經典案例。然後，有人開玩笑地追問：「我是高雄人，那要到哪裡？澎湖嗎？綠島還台東？」我不知道，但是總有路可以走的。

還有一條非常誠懇的建議，如果你在資產的累積受到限制，那麼透過心靈教育降低生活總開銷就是答案。換句話說，理財最究竟的策略是什麼？

理財最究竟的策略就是心靈教育。

我個人也應該算屆齡退休了，從二〇一二年開始參加《廣論》研討班至今，一路走來快十年了。我觀察到一個現象，我看到大部分的人在學習《廣論》、接觸佛法課程後，慢慢地，物質慾望有下降的跡象，因爲生活需求其實不需要那麼多。爲什麼？在佛法的教育裡會提醒我們，太多的慾望會帶來煩惱，所以在不自覺中，生活總開銷就降低了。當然，我個人相信西方宗教也是如此。總之，現在開始爲自己安排心靈教育的課程，其實是理財最究竟的手段。

不瞞您說，我就是其中一位，當年那一題，你覺得一個月多少錢才夠？我的答案是八萬。算一算如果要八萬，一年大概九十六萬，非勞力所得如果能夠有這樣，我覺得應該可以過個不錯的晚年生活。隨著時間過去，經過學習，慢慢地沒有了很多以前的消費習慣。最近我算了一下，現在一個月平均實際生活總開銷大概兩萬多。很多人在學習的過程中，眞的會發現原來學習心靈教育，就是最究竟的理財手段。

曾經有人問：「富裕人生最重要的三個關鍵因素是什麼？」答案是以下這三個：

1. 身體健康。
2. 心靈富裕。
3. 財務健全。

前一篇霍華德．金森博士〈幸福的密碼〉研究結論是：「靠外在物質支撐的幸福感都不持久，心靈富裕才是幸福的眞正泉源。」這是有科學根據的，也是東方老祖宗留下來的生活哲學。

知足、惜福、感恩，常常練習觀功念恩，只要我們心靈肌肉夠粗壯，哪怕身體稍微有一點不適，還是可以幸福的；只要我們心靈肌肉夠粗壯，哪怕財務稍微有一點不如意，也還是可以幸福的。

最後，分享心靈學習的心得，心靈課程不是一次要上很多，而是每個禮拜固定一直上，每次上一點點，一直浸泡在正確的正能量磁場中，我相信一段時間過後，你自己一定會有感覺。學習任何事情都是開始先聽聞，再思惟，不斷地練習，到最後非常熟練的過程。希望這篇短文對你現在的生活與未來的老年生活都有幫助。

祝你幸福，
也祝你可以讓身邊的人幸福。
See the good.

邀請您閱讀完本篇後，觀察與思考一個問題：

Q 請您觀察自己現在的生活中，那些真正有錢的人會每天盯著股票行情嗎？然後觀察看看，那些看盤的親友真的有賺到錢嗎？

今天，做了什麼好事？

今天，看到了哪些美好的人、事、物……

今天，要真心感恩的三件事……

第八章

畢其功於一役的迷思

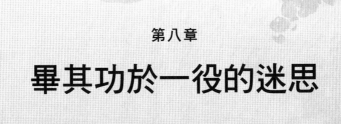

攀登高峰的祕訣——練習幸福123

邀請您在閱讀本篇前，請先思考一個問題：

Q 考一題國中數學題目：有一個二位數，其個位數是十位數的三倍，若十位數與個位數對調後，所得的新數比原數多五十四。求此二位數原本是多少？請勿作弊。

疫情前，去一位朋友家裡泡茶聊天，在泡茶的過程中，他女兒回家，很有禮貌地問候並坐下一起聊天，聊著聊著，講到當天去考駕照的事，她因爲路考不及格很生氣，一直數落負責考官的不是。

現在的駕照考試是用自排車，民國七十幾年的時候駕照是考手排車，筆試沒有問題，臨時抱佛腳背一下題庫就過關了，難在路考。手排車要路考時，每個人都滿頭大汗，考路邊停車或倒車入庫的時候，因爲手排車要左腳踩離合器右手入檔，然後右腳緩緩加油，稍不小心一熄火，你就被當了。

很多人考了好幾次都沒過，甚至還要托關係問教練能不能放他一馬。那時的駕訓班生意火紅，記得沒錯的話，三十幾年前，駕訓補習費要一萬塊以上，但那麼難幹嘛要花大錢去考駕照呢？因爲需要。早年開車是一門技術，可以養家活口，現在任何人都會開車，只要你有駕照、有車，愛去哪就去哪！

回到朋友的女兒身上，她罵教練罵得那麼兇，覺得他不可理喻，可是問她說還要不要再去考？她馬上回說，要！那麼難，爲什麼要去考？因爲她想要自由，想要開車，想要愛去哪就去哪。因爲她覺得很重要，再難也要咬著牙重考。面對困難的問題，我在她身上看到一個啓示：

事情不在難不難，而是重不重要？重要就不難！

觀功念恩難不難？或許難、或許不難；有時難、有時不難；對有些人難、對有些人不難。但對整體而言很重要！因爲與我們的生活品質有太大的關係了，所以，建議諸位每天練習觀功和念恩，任何時間、任何地點都可以練習。「反問自己」是人類之所以爲萬物之靈的能力，試著常問自己：

- 我看得到眞善美的人事物嗎？（See the good）
- 我有把別人對我的付出視爲理所當然嗎？（Be grateful）

這樣做的目的是扭轉我們觀過念怨的習性，現代腦神經科學家研究的重要結論有兩點：

1. 壞比好強大。
2. 忙者生存。

什麼叫壞比好強大？舉個例子，今天上班到下班，發生了二十件事情，都沒有問題，但有一件事情你搞砸了，想想看今天晚上躺在床上，你會想哪一件事？這就是壞比好強大。什麼叫「忙者生存」？你常使用、常練習、常講的話、常做的選擇，會慢慢形成神經元連結在一起。這個連結會讓你有新的想法，接著產生新的行爲，到最後就會出現新的結果。

有時候我們去到一個地方，覺得好像來過這裡，慢慢想，慢慢想，突然出現一個線索：「對，對，對，我跟誰來過這裡。」人一生中發生過的事情是不會消失的。如果我們遇到事情有同樣的想法，很可能有同樣的選擇；有了同樣的選擇，就會產生同樣的行爲；一旦有同樣的行爲，就會有同樣的經驗；有了同樣的經驗又會有同樣的感受。腦神經科學家表示，當我們一直使用舊的神經元，它就愈強壯。

如果我們希望幸福增長，那就必須有新的連結。新的學習就有新的連結，記憶用來維持這些連結。我們愈常重複使用的某個想法、選擇、行爲、經驗或情緒，這些神經元就會愈常發射，並且連結在一起。

寫到這裡，突然想到佛學裡的「輪迴」。錯誤的事情爲什麼會重複發生？因爲你的想法都一樣。當有一天你說：「我再也不要這個樣子了。」代表你想要脫困，要怎麼做？學習新的連結。

練習「幸福１２３」

福智基金會有一位如得法師，他的開示風格非常親切、接地氣。法師提到一個很簡單易行的練習——寫下「幸福１２３」，每天進行總結，利用一件善行、兩件觀功、三件念恩，讓新的連結出現。

有一位新生代領導大師，賽門．西奈克（Simon Sinek），雖然他談的是「領導」，可是他提到的觀念卻適用練習觀功念恩的過程。很多人上了三天兩夜的課程後，就自認爲是一位優秀的領導者，他表示這種想「畢其功於一役」的思維是很危險的。在企業界工作，眞正的專業經理人有時在做的都是重複單調的事。沒有千變萬化，沒有奇蹟！眞正領導者的日常作息，就是穩定與一致地執行日常工作。

一天健身九個小時不會讓你的身材變好，

每天花二十分鐘運動會讓你的身材變好。

這是西奈克很重要的觀點，眞正的重點是「持續練習像刷牙一樣的小事，每天刷。」我在企業界分享觀功念恩，從兩小時、三小時到六小時都有，甚至有一天的教育訓練，學員學得很開心、受用。問題是一回到日常生活，沒有持續練習就無法創造新的神經元連結，一陣子又淡了，最後忘了，很可惜。

練習「幸福123」的人，要像之前我們提到的，每天刷牙，一天不會感覺怎麼樣，可是當累積一段時間，觀功念恩的神經連結愈來愈強，在遇到不如意的事情後，自然有不一樣的思維與選擇。

我個人正式練習「幸福123」應該有五年多了，有一些心得想分享。有位練習的夥伴講得很好，他說：「江老師，我發覺不用長篇大論，因爲能寫的格子只有一點點。」我說：「對啊！」第一個心得就是不用長篇大論。

完成比完美更重要。

第二個心得，很多人在練習「幸福123」時，極具完美主義，一定要寫得工工整整，表達恭敬，字要如何如何，好像非得把它寫滿不可。完美主義者通常執行一段時間後，就會覺得練習「幸福123」太累了。我的建議是，只要有完成就好。今天看到什麼眞善美的事情？今天要感謝誰？還有今天有爲別人做一點什麼事情嗎？簡單幾句話，在十分鐘之內完成就行了，因爲這是長期的練習。

第三個心得，有些人在練習的過程中會卡住，他說：「江老師，我拿起筆後，想了半天不知道要寫什麼。」我要恭喜反映這個問題的夥伴，要好好珍惜這個瓶頸時刻，因爲你已經在瓶口附近。

一整天下來，竟然想不起別人的好，也想不起看到什麼的好，那就表示你更需要練習，用「撞牆」來形容吧！很多馬拉松選手跑到某一個階段時，通常會有所謂的撞牆期，此時教練都會跟選手說，你要珍惜撞牆的時刻，因爲撞牆就代表你快要突破了。前面跑了十六公里，到第十七公里撞牆，你所有的努力就是爲了第十七公里這件事情，所以撞牆是好事！

當你拿起筆來不知道要寫什麼，

請堅持一下，

要珍惜，

因爲你快要突破了。

最後，說一個我的小故事。我有高血壓跟心臟方面的疾病，是拿慢性處方箋的病人。有一回我感覺身體有點不舒服，去看家庭醫師老賴，我說：「老賴，我覺得不太舒服，是不是要換藥？」老賴說：「你是不是常常忘記吃藥？」我說：「是！有時出去外縣市上課，難免忘記。或者覺得沒什麼狀況，就沒吃藥。」老賴看完診後說：「其實現在這方面的藥物都非常成熟，副作用也非常低，現在的問題是，你以爲沒狀況就不吃藥。慢性處方箋是要長期服用，不服用反而容易不舒服。所以，藥是對的，是劑量不對。」他最後說的那句話，讓我印象極爲深刻。

藥是對的，是劑量不對。

我們發現剛開始練習觀功念恩的夥伴，練一次、兩次後發現沒什麼效果，就不練了。其實不是沒有效果，是練的次數太少，藥是對的，是劑量不對，因爲藥在血液當中沒有維持一定的濃度。

攀登高峰的祕訣是什麼呢？

1. 事情不在難不難，而是重不重要？重要就不難！
2. 回歸基本教練，練習觀功念恩創造新的神經元連結。
3. 練習「幸福123」，完成比完美更重要。

4. 撞牆是好事，珍惜每一次突破的機會。

文末，引用《希望・新生2：心之勇士》第三二〇則與諸位共勉：

正因爲學得慢，所以要不停地練練練練練，練熟了就快了。學習任何事情都是開始先聽聞，再思惟，不斷地練習，到最後非常熟練的過程。

See the good.

邀請您閱讀完本篇後，觀察與思考二個問題：

Q 心理學家安德斯・艾瑞克森（Anders Ericsson）和科學家羅伯特・普爾（Robert Pool）經過大量的研究後指出，所謂天才，其實並不神祕，其本質是「正確的方法」加上「大量的練習」。請反思，我們沒有變得像天才般卓越是因為方法不對？還是練習不夠？

Q 本文一開始的那題二元一次聯立方程式，我們在國中學過，數十年過去了，看到數學題目通常大家都會愣住。忘了？一般人都忘了！理由通常是「太久遠了！」可是小學時代的九九乘法更久遠，為什麼我們沒忘？為什麼？

今天，做了什麼好事？

今天，看到了哪些美好的人、事、物……

今天，要真心感恩的三件事……

娜娜姐的故事

邀請您在閱讀本篇前，請先思考一個問題：

Q 回憶自己過去的歲月，您最恐懼、害怕什麼？

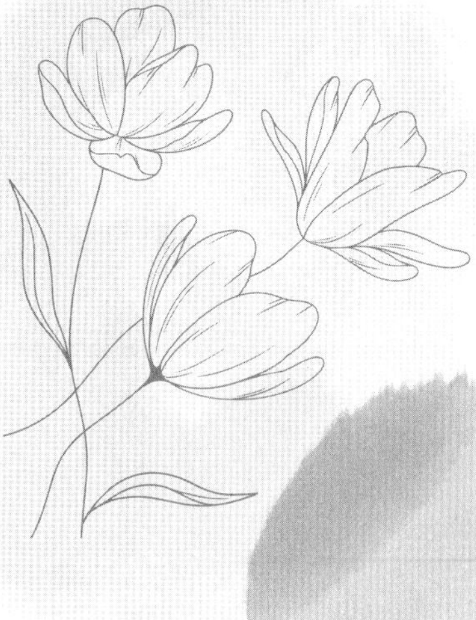

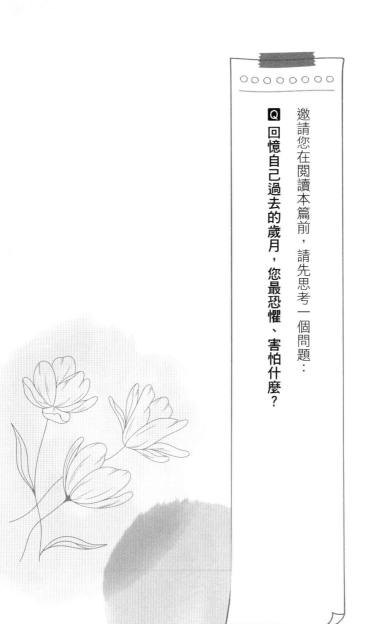

娜娜姐曾多次跟我分享小時候成長的經歷，聽多了，再想想她現在走過來的樣子，前後對照，我覺得有意思，於是有了這篇短文。

娜娜姐來自一個俗稱「芋頭蕃薯」的家庭。她在彰化縣的鄉下出生長大，爸爸是外省人，媽媽是本省人，還有一個哥哥，家裡人口非常簡單。媽媽（我的岳母）是非常傳統的婦女，民間習俗要拜的她都拜，常帶著娜娜姐到處去宮廟拜拜。據娜娜姐說，媽媽有一點會起乩的靈異體質，所以她從小看過很多奇怪的靈異示現與風俗。

媽媽從小就灌輸娜娜姐很多觀念，譬如農曆七月不要去水邊玩，會有水鬼出來抓人；譬如墳墓會有鬼，更不會讓她經過有喪家的地方，媽媽只要載娜娜姐出門，一看到有喪事舉辦，一定會繞遠路，讓娜娜姐避開，因爲媽媽說會被「煞到」。

還有，媽媽告訴娜娜姐，死人躺在棺木裡，守靈的時候如果有貓從棺材上面跳過去，死人會坐起來。娜娜姐小時候就是這樣長大的，她跟我說這些童年往事時，強調她當時是眞的相信，所以覺得很可怕，好像處處都有鬼。

很不巧地，娜娜姐小時候的住家出來左手邊，大概三十公尺左右就是一個大型公墓。小時候媽媽爲了訓練哥哥跟她幫忙做家事，會叫他們去丟垃圾，叫娜娜姐丟垃圾是最可怕的。早年，所謂丟垃圾就是丟到大排水溝。每一次輪到娜娜姐丟垃圾時，她都很緊張，因爲去大排水溝必須經過公墓。

大排水溝其實不遠，大概八十公尺左右，問題就是會路過公墓。小時候媽媽告訴她，公墓裡會有鬼跑出來，再加上左手邊有一大片竹林，尤其是晚上經過時，風一吹動竹林就會有很可怕的聲音。娜娜姐說：「每一次我都幻想竹林上面有人頭跑出來，所以每次走那條路都特別害怕！非常非常害怕！我會非常快速地跑過去，一丟完垃圾馬上就往回跑。有一次丟完垃圾轉身的時候，差一點就被摩托車撞上。」

娜娜姐讀小學時，有一次重感冒，在診所裡打點滴，爸爸到診所來關心，在回程的路上發生車禍，也住院了。家人都去醫院看爸爸，可是她竟然不敢去。其實也是媽媽從小灌輸她醫院裡很陰，去醫院回來之後，就容易生病、容易被「煞到」，所以那一次她並沒有到醫院去看爸爸。

娜娜姐從小到大也很少參加喪事，外公往生的時候，媽媽都沒有讓她參加。娜娜姐一直強調從小到大眞的沒有看過死人（我心裡OS：其實我小時候也沒看過啊！），也因爲家裡人口很少，所以也不太有機會參加，能避免就盡量避免。多年後的今天，回想起往事，娜娜姐和我都覺得蠻誇張的。長大以後，這個恐懼一直留在心中，覺得世間就是有鬼，所以她很害怕晚上。

學習，克服恐懼的最佳解方

二〇一二年，當我結束國外的工作回台後，應大學同學邀約，參加了企業主管生命成長營。其實我並不知道要上什麼課，在沒有預設立場下，那次四天三夜的學習，讓我深受日常老和尚的慈悲與智慧感動，於是持續學習至今。娜娜姐當時也跟著我參加《廣論》研討班，可是讀書對娜娜姐而言，是非常難的差事，她從小到大就是不喜歡念書，但是她也就是跟著，懂就懂，不懂也沒關係，她就是喜歡交朋友，喜歡聊天。

二〇一四年六月二十五日，班上一位同學擔任一家上市公司總經理一職，平常上課我們都坐在一起。當天近晚上十點，他打電話來很客氣地問我們晚睡嗎？我說晚睡。然後他就開口邀我們：「是不是方便來助念？」他董事長的母親剛往生，我們當時不是那麼清楚助念的儀軌，想說去到那裡，學別人照著做就好，於是一口就答應了。

我和娜娜姐換好衣服，開車前往台中工業區，那時候十點多了，工業區那條路只剩很暗的路燈，非常陰暗。到了工廠，停好車走進去那棟大樓，其實沒什麼人，也許我們是第一批到場的。進了屋內，我們看到一群人在左邊的小房間商討後事。

有人用手指著右邊的小房間要我們自己走進去，房間是長方形的，不大，大體擺在正中央，用黃布蓋著。左右兩邊各擺一排圓板凳，人一坐下去，就沒路了，所以我們助念時，離大體不到一公尺。反正裡面還有兩位前輩作陪，我們就靜靜地坐在靠近大體上半身的位置，隨著錄音機播誦的佛號，跟著唱誦。讓我們張大嘴巴的是——

我們兩個一坐下去，

那兩個人竟然起身就離開了！

我轉頭看著娜娜姐，她也轉頭看著我，兩人不知所措，因爲我們從來沒有參加過助念的活動，我們兩個不懂，又覺得不能走，走就只剩下錄音機了。只好硬著頭皮撐住，往生者就一條黃布蓋著，而且我們不認識那個往生的阿嬤。跟著錄音帶，我們一直念佛號，過一會，班上同學陸續來了，我們離開的時候是凌晨一點多。

隔天，我們兩人聊天，回想昨晚，聊到娜娜姐從小到大的成長背景，媽媽給她的觀念，讓她害怕到醫院、怕鬼、怕參加喪事。那麼害怕的人透過學習改變見解，有了正確的見解後，竟然敢參加助念。娜娜姐說：「感覺心中的那個恐懼被穿越了。四十幾年來，積累在心中的無名恐懼，竟然是透過學習慢慢地在心中消融了。」娜娜姐的故事想要傳遞的結論是：

克服恐懼最好的方法就是持續學習。

娜娜姐已經不怕去醫院了，也不怕喪事或路過辦喪事的地方。不過，如果眞遇到鬼的話怕不怕？她很誠實，怕！還是怕。所幸，哈，沒遇過。

何謂學習？維基百科上是這樣定義的：

學習是透過外界的教授還有自身的經驗提高能力的過程。

這兩個字源於《論語》〈學而篇〉，子曰：「學而時習之，不亦説乎？有朋自遠方來，不亦樂乎？人不知而不慍，不亦君子乎？」

學了知識後，有機會付諸實踐，不是件很好的事嗎？有志同道合的朋友從遠方來，這不是件令人快樂的事嗎？別人不了解自己，自己也不生氣，這難道不是君子應爲的嗎？此段《論語》摘錄出「學」還有「習」，合併爲「學習」二字。這裡面講的「學」就是學到了，「時」就是有機會，「習」就是實踐。

娜娜姐透過學習有了新的見解與經驗，於是大腦有了新的神經連結，慢慢地克服小時候種下的無明恐懼。她的學習還一直持續著，時間過得眞快，一晃十年，可以讀兩次大學加碩士班研究所。生命慢慢地浸泡在正確的磁場，不貪快，沒有畢其功於一役的想法，歡喜學習著。有一天突然回首來時路，生命自然有了高度與更大的格局。

我們有更大的幸福在遠方，
在努力的過程中洋溢著幸福。

面對生死大事，未知的東西太多了。面對生活與工作，起起落落；面對親友，恩恩怨怨。誠如《希望．新生》所言，只要將我們內心調到學習的角度，無論面對任何境界，我們只會計算學到了什麼。

祝大家幸福，
也祝大家能讓身邊的人幸福。

See the good.

邀請您閱讀完本篇後，觀察與思考一個問題：

Q 生活中，曾經有什麼是您本來不會的，但是透過學習，現在會了，而且還很熟練？再想想，曾經有什麼原本會的，但現在不熟練了，為什麼變不熟練了？

今天，做了什麼好事？

今天，看到了哪些美好的人、事、物……

今天，要眞心感恩的三件事……

第九章

幸福的思路

鐵花村的故事

邀請您在閱讀本篇前，請先思考一個問題：

Q 曾聽一位智者說：「人生是一趟體驗與學習之旅」。生命走到今天，如果用短短一句話總結您的學習心得與受用，那會是什麼？

那天，下著大雨，在台中學苑里仁教室下課後，我站在里仁的門口前等雨停。此時，有一位熟識的班長拍拍我的肩膀問：「宏志，學習到現在能不能用幾句話總結一下你的心得與受用？」面對傾盆大雨，我站在騎樓下想了一會兒，腦子糊糊的，一下子抓不住什麼重點，就說：「班長你臨時這樣問我，我實在是想不起來。」記得，那天好大的雨，肯定是大雨讓我腦子進水。

如果從幫企業界授課開始算，無憂花學堂成立時間其實從二〇一五年就開始了，但我們眞正辦營隊是在二〇一六年。無憂花營隊生動活潑、主題明確，台中辦完，立即南下高雄學苑辦無憂花姐妹成長營，不想，也受邀到台東舉辦。

台東是兩天的營隊，我負責教務跟講師之間的所有互動，壓力是有的。等兩天的營隊結束之後，整個人的壓力得到紓解，覺得很輕鬆。我們問台東的姐妹，晚上有沒有什麼好玩、好吃、值得去看看的？有位姐妹說：「鐵花村很棒！可以去走走！」於是，我們就聽這位姐妹的建議，去了鐵花村。

鐵花村是一個很特別的地方，透過刻意地營造氛圍，公園裡掛滿燈籠，到處都是年輕人擺的攤子，都是很可愛、很有創意的作品，如果有機會到台東，非常推薦晚上去走走。

營隊剛結束，心情非常輕鬆，就在鐵花村閒逛，逛著逛著，聽到有爵士樂的聲音，一聽就知道是現場樂團演奏，當時我們循著聲音走，找到了。涼涼的海風搭配應景的音樂，我們就在那裡賣飲料的地方坐下來。

坐在充滿燈籠的地方，浪漫慵懶。有個表演的舞臺，我們隨意挑個位置，剛好有一對母女坐在我們前面。樂團表演時，因爲要看舞臺，自然而然地就會看到這對母女，小女孩可能坐不住，一不小心打翻果汁。那個瘦長高腳杯很漂亮，但重心就是不穩，容易打翻。打翻之後，媽媽非常生氣，一邊收拾桌子一邊碎碎念。

隔沒多久，那位媽媽在滑手機時，沒注意到桌子不是那麼穩，一不小心也打翻她自己那杯，我親眼目睹這這件事情，靜靜地看著她們，樂團的表演已成了背景音樂，我很好奇這位媽媽接下來會怎麼做？她會罵自己嗎？這是很有趣的觀察，媽媽沒有罵自己，女兒也不敢罵媽媽，只見她靜靜地把桌面收拾乾淨。

爲什麼那位媽媽沒有罵自己？

目睹這整件事情的經過，我感覺抓到一點什麼東西，可是又不是那麼具體，感覺心中有個東西浮現，但我沒辦法聚焦。回到台中後不久，我在洗碗時打破了我非常喜歡的大碗公，這才清楚聚焦出「鐵花村母女」帶給我的啓示。

小時候因爲家境不是很好，很少用盤子，我外婆家也好，奶奶家也好，煮好的菜大多是用碗公來裝。後來外婆過世，老家舊餐廚的櫃子裡有幾個舊碗公，我算是很念舊的客家子弟，於是就帶回台中繼續使用，也算懷念長輩與童年時光，全家人都知道我很喜歡那幾個大碗公。

那一次，我在洗碗的時候因爲貪快，手有點油，一不小心就把大碗公失手摔在地板上，破得滿地都是。如果這個碗公是我兒子或家人打破的，我肯定很不高興，可是當碗公是自己打破的，我就靜靜地收拾。這件事情讓我聯想到鐵花村的那對母女，爲什麼那位媽媽沒有罵自己？

回憶那個下大雨的晚上，在里仁的騎樓下，那位班長問我：「宏志，學習到現在能不能用幾句話總結一下你的心得與受用？」後來，我把這幾件事情串在一起，隨著時間經過，有一種慢慢沉澱的感覺，焦距清楚了，我發覺——

只要我們願意承認是自己造成的，

好像比較不容易發脾氣，

因爲這件事情是自己搞砸的，有什麼好怨天尤人的？

我慢慢地整理出一個結論：「如果承認是自己造成的，煩惱好像可以比較少一點。」如果同樣的事情是別人造成的，我們的感覺會怎麼樣？我們就很容易發脾氣，很容易怪罪、指責對方。進一步思惟後，我總結：

原諒自己比原諒別人簡單多了。

假設我們身邊發生不愉快的事，如果能夠反觀到這件事情是自己造成的，是自己的問題，是自己不夠努力、考慮得不夠周延，那就比較不會向外攻擊、指責別人、抱怨環境等等，或許煩惱會少一點。

跟朋友們聊天時，我分享今天會遇到這種狀況，肯定是我們過去說了什麼或是做了什麼，當然也有人會回：「沒有！我眞的沒有！我就是那麼倒楣！我沒有說什麼也沒有做什麼，可是爲什麼是我？」遇到這種情況，我都笑笑地回：

那肯定是你沒說什麼或者沒做什麼，
才會遇到這種事情。

通常對方會莞爾一笑。像家庭中親子的疏離，或是婚姻的斷裂，如果我們願意靜下來想一想，或許就是因爲沒說什麼或沒做什麼，才會造成今天這個局面。寫到這裡，我聯想到前不久在讀《希望．新生2：心之勇士》時，第一三六則有這麼一段話：

有人說業力就像空中灑米一樣，最後都會落在自己身上。

呼應一下我剛才分享的鐵花村故事，如果我們在學習的這條路上，能夠眞正相信身邊遇到的一切人事物，其實都跟我們自己的過去有關，煩惱眞的就會少很多。我想分享的是：

深信業果道理是可以離苦的。

發生好事我們不用討論，你碰到這些好事當然就是福報好，肯定是過去說了什麼好話或是做了什麼善行，所以有好福報。我們要探討的是，生命中遇到這些不如意的事情時，該怎麼想？怎麼樣讓自己的煩惱少一點？怎麼樣讓自己平靜一點？怎麼樣可以不因情緒失控又說錯話，或是又做一些品質低劣的決策？所以碰到不如己意的事情，我常用這種角度思惟，然後跟自己說：

「宏志，這就是果相。」

生命中所有已經發生的事情，已經是結果了，生氣有用嗎？悲傷有用嗎？這是一個果相、眞理。我們的看法與觀點都是不實的，變化無常。人生不如意之事十之八九，如果遇見不如己意的事情，老是怪外面的環境、怪別人怎樣怎樣，難道自己沒有責任嗎？

難道我看得到過去所有已經發生的事嗎？

看不到的事實就不存在嗎？

不接納當下「已經是果相的事實」，除了爲難自己，也爲難別人。這篇短短的故事與心得，想與諸位分享的是，如果生活中遇到不如意的當下，或許你可以呼喚自己的名字，然後說這是果相。

那因在哪裡呢？一旦我們往內看，承認這一切都是過去所有選擇造成的，只是因爲時間久遠，不知道；因爲感官有限，看不到。最後我用這句話，來作爲此篇心得的總結——

生命中所有的問題都是自己的問題。

能夠這樣看待事情，深信業果道理，不管我們看得到或看不到過去的因，只要能夠告訴自己，我自己做的選擇，自己要負責，就能夠少一點煩惱。或是當你有苦受的時候，這個苦受相對會降低很多，你可以試試看，用這樣的思路去觀察生活中遇到的所有事情。

See the good.

邀請您閱讀完本篇後，觀察與思考一個問題：

Q 當下已經發生的事，我們知道肯定是過去造成的，只是不知何人？不知何事？不知何時？智者云：「我們的生命經驗是絕對完美的！」請問您認同這句話嗎？為什麼？

今天，做了什麼好事？

今天，看到了哪些美好的人、事、物……

今天，要眞心感恩的三件事……

一根半玉米事件

邀請您在閱讀本篇前，請先思考一個問題：

Q 平常的日子裡，您習慣一邊吃飯，一邊做什麼？

娜娜姐生病了，這是二〇二一年底發生的事。那天大概是晚上十二點左右，她覺得肚子很痛，一些症狀又跟一般肚子痛不太一樣，當時我問她要不要去掛急診？娜娜姐說太晚了，看看隔天怎樣再打算。娜娜姐是非常能忍痛的人，我就不行，我只要一痛就會一直叫，因爲我覺得叫可以舒緩我的痛覺，娜娜姐不是，她非常能忍。我就睡在她旁邊，那天晚上我還是睡得很好。

撐到天亮時，她實在是受不了，我們一大早就去台中榮總掛急診，接著一整天都待在急診室。醫師、護士都很忙，沒有太積極的治療，照了X光後，初步判斷疑似「腸阻塞」，於是決定住院，這一住就是十二天。

第三天時，痛的強度下降許多，醫師說如果有放屁和排便就表示腸子蠕動正常，也就過關了，如果沒有，就要請外科手術了。所以，下回聽到心愛的人放屁，請記得說：「萬歲！萬萬歲！」

要不痛，可以交給醫師與醫療科技。

要不苦，我們只能靠自己的學習了。

日常老和尚曾開示：「身體的病交給醫師，心理的無明病交給佛法。」娜娜姐在病床上，依然聽帶學習，她說只要聽懂一句就好，我有點佩服。在那十二天中，醫生依然研判娜娜姐是腸阻塞，我是第一次聽到腸子會塞住。後來追溯原因，最可能就是「一根半的玉米」。因爲家裡就兩個人，我們習慣在客廳的小餐桌一邊看電視一邊吃飯，那天晚上娜娜姐吃了一根半的玉米，主治醫師研判有可能就是那一根半的玉米塞住腸子。

只是我們沒有想到住院竟要住到十二天。這次的經驗讓我學到了一些事，像是吃飯要專心。現代人常常一邊吃飯一邊滑手機或看電視，這很常見，儘管在這之前我們就有聽過「正念飲食」。「正念」簡單的意思就是一次做一件事，專注當下，有覺知地做當下這件事情。「正念飲食」就是有覺知地專注吃飯，就這麼簡單。

我們有學過正念課程，也知道要細嚼慢嚥，這些我們都知道，可是知道歸知道，還是遺憾地發生這件事，那有什麼啓示呢？第一個我想要分享的就是：

聽過不等於學會。

有些時候我們常常以爲這個我知道，可是「知道」跟「學會」可能還有一段距離。就拿這次娜娜姐生病來說，我們都知道要正念飲食；都知道一次做一件事情就好，要專注吃飯。但只是聽過，沒有學會。

第二個想分享的是，那兩天娜娜姐在痛的時候，表示止痛劑沒什麼效果，醫生說如果止痛劑使用量過大的話，會影響腸胃蠕動，反而不好。因爲有這次疼痛的經驗，接下來我們就很乖了，開始專心吃飯、細嚼慢嚥、不看電視、不滑手機，好好專心享受一頓飯。充其量就是兩個人聊聊天，因爲親身經歷過這樣的疼痛，她終於學會了，所以：

痛過就是你的！

後來，剛好無憂花學堂有邀請一位「功能醫學」①的美寶營養師來跟我們分享〈抗衰老的飲食習慣〉，也因爲舉辦這場講座，我接觸到一個概念。我想藉由娜娜姐生病這件事，也就是「一根半玉米事件」來分享。

生病了，你會有一些症狀，譬如你會痛、排便會流血，這都是病的症狀。這時，我們認爲不健康、生病了，一般人的概念大概僅止於此。功能醫學則認爲，當人體處在健康與疾病之間的過渡時期，就叫「亞健康」②。淺白地說，就是當他已經離開健康狀態，可是還沒有出現症狀。

我以前沒有這個觀念，只知道健康與不健康（生病有症狀）而已，我不知道中間這一段叫作亞健康。打個比方，我們發炎會痛，而現在身體裡如果某個地方有慢性發炎，但不會痛，而因爲不會痛你就以爲自己身體健康，其實不是，你已經走上生病這條路了。

有了亞健康的概念後，回頭看那一根半的玉米，是不是就是腸阻塞最重要的原因？一般我們思惟這件事情時，會認爲是一邊看電視一邊吃玉米，沒有咀嚼就直接吞下去，才造成腸道阻塞。

但了解亞健康的概念後，會開始想，在過去的日子中，是否腸道就已經出現某種程度的阻塞，那一根半的玉米只是壓垮駱駝的最後一根稻草？因爲我們沒辦法回溯看見習性累積的情況，那一根半的玉米就變成最容易怪罪的。但如果仔細深入思惟，或許生活

①功能醫學（Functional Medicine）：「疾病」的發生即為身體失去動態平衡所導致。功能醫學的宗旨除治療疾病外，更提倡健康的維護，利用各種特殊功能性檢查以了解個人體質的特性，再依結果個人化的治療或保健計畫。這些療法都是讓身體自行痊癒，器官系統功能達到平衡而健康。傳統西醫研究如何控制不正常病症，功能醫學則是強調如何恢復正常機能。

②世界衛生組織提到，健康是一種生理、心理、社會各方面都處於健康的狀態。亞健康定義為人體處於健康與疾病之間的過渡時期。身體、心理上無明確患病的證據，就醫檢查也都無異常狀況，卻感到沒有精神或不太舒服的感覺。當處於亞健康時期，已是未來患病的警訊，且人體已具有疾病的危險因子。在慢性病光譜上，最左端是最健康的理想狀態，最右端是被診斷罹病的狀態，現今有很大一部分的人位於光譜中間，就是亞健康的狀態。

的不良習性很早就已經潛伏其中了，我們只看得到最近與粗猛的（一根半玉米），看不到過去的與細微的（飲食習性）。寫到這裡，想問大家一個問題，到底——

1. 知道自己有病比較危險。
2. 不知道自己有病比較危險。

我想你的答案應該是第二個，不知道自己有病是比較危險的。因爲不知道、不覺得自己有病，所以習性就不會改；你的習性不改，那經年累月到了某一個程度，最後一根半的玉米出現的時候，就突破臨界點了。從業果道理的角度來講，就是我們造的業成熟了！我們得到另一個啓示是——

我們現在的習性，
如果一如既往，
那麼尚未成熟的業，
也將在未來如期成熟。

我們不知道過去發生了什麼事，也不知道什麼時候發生的，才會造成今天我們遇到這樣的狀態。上一篇文章中提到，當遇到不如己意的事情時，我常告訴自己：「宏志，這是一個果相。」同樣地，娜娜姐坐在病床上，也這樣子對自己說：「娜娜，這是一個果相。」這是自己造成的，怨天尤人徒增煩惱而已。

在我們生命中，
遇見的事情其實都是果相。

從消極面來看，這樣不是很宿命嗎？從積極面來看，如果生命中遇見的事都是果相，那現在我們如何看待這件事不就是在種未來果的因嗎？這段話好像是在講果相，其實眞正的重點在於因。因爲我們看不到所有發生過的事，那就接納已經發生的事實，但如何看待現在就很重要了，觀功？念恩？觀過？念怨？我們是可以選擇的。如果眞要爲「未來的果」做點努力，種個善因吧！這個因就是現在、當下。

我們不能回到過去改變起點，
但我們可以從此地開始改變終點。

一根半的玉米提醒我們，影響身體健康的是生活習性，如果我們的身體會這樣，我們的心靈是不是也是如此？我們內在的選擇系統也有習性，可不可以練習覺察自己內在的習性？看到自己的無意識，不讓無意識主導反應，讓理智與正確的選擇主導未來的生活。深入思惟一下，這也是一生的功課。

其實不痛也可以是你的。

娜娜姐在榮總十二天痛苦的日子裡，我陪伴在她身邊，看到娜娜姐這麼痛，我學到了細嚼慢嚥與正念飲食的重要。同樣地，你也看到了，讓我們相互提醒，聰明的人會從自己的錯誤中學習。但是經驗非常可貴，因爲太貴，我們寧可當一個有智慧的人，藉由別人的經驗來學習，這樣不是很好嗎？

一根半的玉米看起來好像是罪魁禍首，但仔細想一想，前面有太多太多是我們的生活習性造成的。最後，不是不能吃玉米，玉米還是很好吃的。但當你在吃玉米時，記得細嚼慢嚥，好好專心享受這一根玉米。

See the good.

邀請您閱讀完本篇後，觀察與思考一個問題：

Q 生活中遇到不如意的事情，常聽人問：「為什麼是我？」我們也常發現「善沒有善報，惡又沒有惡報」，這如何解釋？

娜娜姐住院事件後記，事後反思，我體悟到：

病痛的提醒功德

「人身」畢竟無常，一出生就邁向死亡，細胞分分秒秒都在變化。老把沒病痛常掛嘴邊，易生慢心，忽略保健。於是，在理所當然地過日子中，粗猛的病痛提醒我們，身體健康是一種福報，不要人在福中不知福。

病痛會提醒一個人念恩

祖師大德留下來的醫療智慧，有了知識的傳承，才有現代化的醫院服務。更要感恩所有曾經與我們得到同樣病痛的眾生，奉獻了自身的就醫經驗，甚至奉獻自己的生命，告訴世人某個醫療做法沒用，因而成就了現在的醫術。

病痛讓我們對「人身的本質是苦的」升起定解

人在健康時，往往會忘記無常，甚至執常，自以為是地過日子。任何有肉體的眾生，或遲或早都會走向衰弱與病痛。病痛可以讓我們更堅定無常之理，進而賦予我們脫離執常的契機與能量。

病痛可以讓我們對業果道理深入地體會與思惟

針對已經發生病痛的果相，慢慢思惟，慢慢鬆動「為什麼是我？」的負能量。慢慢選擇接納，進而正面看待病痛。

在病痛時，可以猛力發願

願這個病痛能減輕或者消除眾生的痛苦。這個就十分高遠了，雖不能一時做到如此的菩薩情操，但爲這場病痛找到自己主觀的意義是一條理路。畢竟，能爲自己所愛的人忍痛可以喚醒一些能量。

如果我們能把病痛當成一位善知識，他會提醒我們珍惜暇滿人身、觀功念恩、多多行善。老是觀過念怨過日子，爲難自己，也爲難他人。那些日子，醫師巡房總會問是否「排氣」？實在沒想到能放屁是如此幸福！如此健康！這篇也算是對「放屁」觀功念恩了！

See the good.

今天，做了什麼好事？

今天，看到了哪些美好的人、事、物……

今天，要眞心感恩的三件事……

大年初五的故事

邀請您在閱讀本篇前，請先思考一個問題：

Q 在生活中使用衛星導航軟體或APP時，導航報的路線如果跟您熟悉的路線不一致，您會聽導航的？還是自己的？

如果你住中部地區，或許知道嶺東科技大學在南屯。如果要北上，最近的交流道是五權西路交流道；如果要南下，則走王田交流道。我就住在嶺東科技大學附近，所以多年來都習慣這樣走。

有一年的大年初五，我們想往南去風頭水尾的大城鄉走走，到好友家走春，順便看小麥田。Google 路線時，發現 Google 要我們走五權西路交流道，我想，怎麼會這樣導航？幹嘛先北上再南下？繞遠路！於是我照著習慣的路走，走王田交流道。

Google 一路上一直提醒我「向左轉」或「迴轉」，少說提醒了六、七次，我都不理它，在車上我還開玩笑跟 Google 說：「我知道怎麼走，別說了！」娜娜姐坐在前座一直笑。我知道要怎麼走，遲早你會知道我是對的。快要接近王田交流道時，我突然升起一個念頭，過年期間王田交流道會不會封閉了？

說出來後，娜娜姐立即上網查，沒錯！王田交流道封閉，這下怎麼辦？於是我們只好持續走省道，乖乖聽 Google 的，路過王田交流道時，彷彿看到了「黃河」。

老祖宗說過，不到黃河心不死。

最終，我們從省道接國道三號，再接國道一號。一路上我們都在反省，從一開始出發時，Google 就提醒我們走五權西路交流道，因爲五權西路交流道沒有封閉；在往王田的路上，也一直提醒我迴轉，我就是不聽，因爲「這條路我走了數十年了」。本來很簡單、很有效率的走法，硬是被自己往日的習慣搞成「繞更遠的路」。走在國道一號時，娜娜姐說這件事有什麼啓示？我苦笑一聲。

如果在陌生的地方，我們肯定聽 Google 的，因爲不熟。但我們在熟悉的地方，就自以爲是地走習慣的路，不想，付出更大的代價。何以故？兩個字，成見。當我們心中有成見時，看起來我們有在聽，其實聽不進去。所以很多時候：

付出慘痛代價的不是「我不知道！」

而是自以爲「我知道！」

人與人相處是不是也會這樣？

親人與同事的溝通會不會也是這樣？

這種「先入爲主」的心相，這種「我知道」，是障礙溝通效果的關鍵因素。因爲我們根本聽不進去！甚至根本沒在聽！成見可怕也。溝通如此，學習也是如此。當我們心有成見時，雖然看起來坐在教室，其實沒有，因爲我們覺得「這個我學過」「這個我會」。前不久，聽到一個名詞——「所知障」，又有人翻譯爲「智障」。①

「障」在佛學語言中的意義是遮蔽，

所知障中的所知就是我們已有的學習與習性。

走筆至此，回到大年初五的故事。我的心得是，我們受教育是希望可以減少摸索的時間或成本，但我們一旦掉入「我知道」的成見中，對於不同的意見與觀點就無法用開放的心態去面對，那麼眞正障礙我們進步的，反而是過去的學習與習慣。

在企業界看過這樣的例子，也聽過最難改變的是高層主管的思維。身處新的環境（新的科技），因爲「所知」太堅固，障礙了新的學習。於是，我們看到世界級的企業Nokia在退出歷史舞台的記者招待會上，執行長約瑪·奧利拉（Jorma Ollila）公布同意微軟收購Nokia時，最後說了一句話：「我們並沒有做錯什麼，但不知爲什麼，我們輸了。」說完，連同他在內的幾十名Nokia高級主管不禁落淚。Nokia是值得敬佩的公司，只是世界變化太快，錯過學習，錯過改變，也就錯過了機會！而且他們錯過的不是賺錢的機會，而是生存的機會。②

成見也不是沒有功德，

畢竟，

養成習慣可以提高執行效率，

減少許多瑣碎的決策。

我們要注意的是，當不一樣的聲音出現時，不要先排斥，聽聽別人的說法，看看新的做法，或許就比較不會障礙我們的成長。至於放下成見的好處？我想到二〇一二年剛從柬埔寨回台，大學同學介紹我去參加「福智企業主管成長營」的時候，我還不知福

---

① 摘自維基百科：所知障（jñeyāvaraṇa），又譯為智障、理智，佛教術語，二障之一。事障（煩惱障）與理障（所知障）是為二障。障在佛法修行的意義就是遮蔽，意謂有情眾生被無明、煩惱、惡業等種種障礙所障蔽，不能經由佛法的正確教導而得見正道，對法界實相如來藏的智慧一無所知，因而直接或間接影響眾生不能成就般若智慧功德與解脫生死，更不用說究竟圓滿成佛。因對法界實相的無知，所以也會對自我色心的虛妄也無法了知，便會引發對於三界種種法的貪愛，故而生生世世在三界六道之中不斷的生死流轉輪迴。

② Nokia CEO ended his speech saying this “we didn’t do anything wrong, but somehow, we lost”. 摘自網路 https://www.facebook.com/TheRVCJMedia/photos/nokia-ceo-ended-his-speech-saying-this-we-didnt-do-anything-wrong-but-somehow-we/1549188865137476/

智，也不知企業營上什麼。在不預設立場下，沒有成見地走進開南大學上了四天三夜的營隊課程，回顧此生所有學習，性價比最高的學習就是那一次了。也因爲那一次學習，開啓我「幸福學」的大門，一直持續到今天。文末，讓我引用西方大哲學家蘇格拉底的名言，來總結這篇雜記：

我只知道一件事，
就是我什麼都不知道。

「不知道」會讓我們虛心學習，「知道，假設不知道」讓我們眞正地傾聽。下次Google與我們想的不一樣時，仔細看看Google爲什麼會這樣說，或許我們可以少走一些冤枉路。生活與工作中，偶爾跳出習性（慣性），會有意想不到的收穫，試試看！

See the good.

邀請您閱讀完本篇後，觀察與思考一個問題：

Q 觀察自己對什麼人會有成見？如果對某人或某事有預設立場或成見時，我們的傾聽效果會不會受到影響？

今天，做了什麼好事？

今天，看到了哪些美好的人、事、物……

今天，要眞心感恩的三件事……

別人是怎麼看你的？

邀請您在閱讀本篇前，請先思考一個問題：

Q **請問問自己有多久沒有參加同學會了？參加同學會時，您會不會比較同學之間的成就？想像一下，假設自己成就很不如己意，參加同學會的意願會不會就相對不高了？**

不知道你有沒有這種經驗？在一群小學同學之間，大多數的同學都順利升學，其中有一位男同學因爲家境因素沒有繼續升學，因爲這樣，每每與同學聚會時，他都不自主地有股自卑情緒。同學們知道他有這個情結，於是只要他在場，會有默契地不談大學生活，或盡量避免任何會引發他負面情緒的話題。

數十年一晃，這位同學的事業做得不錯，比大多數同學有成就，算是有錢人。可是私下聊天時，他還是會憤憤不平地覺得同學們瞧不起他。我當然會安慰他說，沒有人這樣想，而且你的事業比大多數同學好太多了！你自己多心了……

但他聽不進去，一次、兩次，漸漸地，同學聚會時，他慢慢地很少出席了。同學們私下聊到他時，都很無奈，畢竟大家都沒有歧視他的意思，況且他事業做那麼好，怎麼就是覺得我們瞧不起他？

美國有一個心理科學實驗或許可以解釋這種現象。實驗者向參與實驗的志願者宣稱，該實驗旨在觀察人們對身體有缺陷的陌生人會做何反應，尤其是臉部有傷痕的人。每位志願者都被安排在沒有鏡子的小房間裡，由好萊塢的專業化妝師在其左臉畫出一道血肉模糊、觸目驚心的傷痕。志願者被允許用一面小鏡子照照化妝的效果，鏡子就被拿走了。關鍵是最後一步，化妝師表示需要在傷痕表面再塗一層粉末，防止它被不小心擦掉。實際上，化妝師是用紙巾偷偷抹掉化妝的痕跡。

對此毫不知情的志願者，被派往各醫院的候診室，他們的任務就是觀察人們對其面部傷痕的反應。規定的時間到了，返回的志願者竟無一例外地敘述相同的感受——人們對他們比以往粗魯、不友善，而且總是盯著他們的臉看。可是實際上，他們的臉與正常的臉沒有什麼不同。他們（志願者）之所以得出那樣的感受，是「錯誤的自我認知」影響他們的判斷，這個就是有名的「**傷痕實驗**」。

拿上述那位同學來說，他因爲學歷低而自卑，這個學歷低就像一道心理上的傷痕。於是他就像那些參與實驗的志願者一樣，覺得同學們都在歧視他。傷痕實驗給我們的啓示是：

有什麼樣的內心世界，
就有什麼樣的外界眼光。

因此，一個人若是長期抱怨自己處在不被善待的環境中，有可能眞正出問題的是「他自己的內心世界」。會不會有可能是他對自我的認知有了偏差？如果心中有傷痕，別人的一句話或一個眼神，都會覺得不友善，或是不喜歡自己。所以，是學歷有問題？

還是我們自己的心有問題？

傷痕實驗提醒我們，有些時候，眞正需要改變的是「自己的內心世界」。改善內心看待世界的角度，處境必然隨之好轉，所以：

你怎麼看待自己，你就覺得別人怎麼看待你。

在生活與職場中，我們可以體會到，友善的人感受到的大多是平和的眼光，自卑的人感受到的大多是歧視的眼光。這篇短文想與正在閱讀的你共勉，多多練習觀功念恩，常常練習，慢慢地您會發現，當你改變看待自己與世界的方式，你的世界就會慢慢地改變，因爲：

觀過念怨的人感受到的多是負面的眼光。

觀功念恩的人感受到的多是正面的眼光。

想讓自己幸福嗎？

請聽聽古聖先賢留下的智慧。

外面沒有別人，只有我們自己。

See the good.

邀請您閱讀完本篇後，觀察與思考一個問題：

Q 這篇短文的結語是「怎麼看待自己，你就覺得別人怎麼看待你」。擴大一點，遇到事情時，我們「覺得別人會怎麼想」，其實是「我們自己怎麼想」。思惟一下，傷痕實驗帶給我們什麼啟示？

今天，做了什麼好事？

今天，看到了哪些美好的人、事、物……

今天，要眞心感恩的三件事……

觀過與觀功不是獨立的

邀請您在閱讀本篇前，請先思考一個問題：

Q 在生活中，觀察身邊的親友有沒有因為總統大選支持對象不同，進而感情疏離，甚至斷裂的案例？面對這種狀況，您有什麼想法？

曾經我問一位主管，她旗下的業務大明，業務開發能力很棒，爲什麼不派他負責北部的業務？畢竟北部的市場是重點中的重點，她說了一些理由後就散會了。後來我側面了解，原來她不喜歡大明。雖然大明的市場開發能力有目共睹，但大明有抽煙的習慣，她非常討厭別人抽煙，曾經私下跟大明說當業務最好別抽煙，大明覺得那是私事，不置可否。

現在，大明跳槽了，目前任職她主要競爭對手的最高業務主管。最近她在疲於奔命時，約我在星巴克喝咖啡，她終於承認自己以前犯了一個經營管理上的錯誤。「什麼錯誤？」我問。

她說：「當年我因爲大明的一個缺點（抽煙）否定了他的優點（能力）。在無憂花學堂學習觀功念恩之後，我體會到一點，當我一直關注一個人的缺點時，那這個人的優點就被我不自主的厭惡障礙住了。大明是優秀的業務開發人才，是我自己送給別人的，我自己搞砸了！」

如得法師曾開示，熱戀中的情侶觀功念恩練得最好，因爲情人眼裡出西施，當你眼裡看到的都是好的（good）時候，就會遮蓋住那些不好的（No good）。對照上面大明的故事，我們可以注意到：

觀過與觀功不是獨立的，
觀過與觀功是相依的。

換言之，如果你看一個人不順眼，不喜歡他，你就很難看到他的優點，甚至可能無法使用他的優點。倒過來說，如果你喜歡一個人，哪怕他有些缺失，你也可以包容，視而不見。

《論語．衛靈公》：「不以人廢言。」意思是，君子不會因爲我不喜歡這個人，進而不採納他的看法與建議。難不難？看看社會上人際間非理性的指責與自己的人生經驗，眞難啊！

正因爲難，我們必須學習與練習。否則，你會發現——
當你不接納別人的缺點時，
很可能你將無法享用別人的優點。

See the good.

邀請您閱讀完本篇後，觀察與思考一個問題：

Q 觀察自己是否會想改造自己的家人？當我們這樣講，也這樣做時，家人的反應如何？我們對家人的改造有成功嗎？

今天，做了什麼好事？

今天，看到了哪些美好的人、事、物……

今天，要眞心感恩的三件事……

第十章

還好生活心得

《白日夢冒險王》的反思

《白日夢冒險王》這部電影不是多了不起的製作，導演就是主角，也就是喜劇演員班·史提勒（Ben Stiller），小品一則！可是雖是小品，看完心裡有些衝擊。一個被工作綁死的上班族，一天到晚做白日夢，這不是新鮮事！電影的原文直譯名稱是「華特的祕密生活」，眞要說起來：

每個人心中都有一個「華特」。

白天上班做白日夢，晚上也做，有些說得出口，有些說不出口罷了。說得出口的開頭通常是「眞想……」或是「明年我一定……」。多年的上班生活會將人的野性完全磨光，片中的主角華特，青少年時也當過背包客，他爸爸送他的筆記本上只提了二個字「Have Fun！」好好享受吧！只是成年後為了錢，一不注意就在職場待了近二十年。後來，爲了一張「二十五號的底片」，華特走了出去，去追攝影師。有意思的是，他之所以走出去，也是因爲怕被裁員、開除。於是，讓我沉吟：

生命中所有的重大轉折大多伴隨著苦難而來。

有句網路上的名言——「機會通常是哭喪著臉來的」，道理是一樣的。華特跟我是差不多的年紀，他還在找對象約會，而我身邊有伴，已邁入空巢期；他記帳，我也記；他當過背包客，而我才開始學習。片中《*Life*》雜誌的座右銘觸動我們更積極地走出生活與工作的框架：

To see the world, things dangerous to come to, to see behind walls, to draw closer, to find each other and to feel. That is the purpose of life.

要開拓視野，要衝破艱險，要洞悉所有，貼近生活，尋找眞愛，感受彼此，這就是人生的目的。直白翻譯就是，要去看這個世界，要去體會有危險的事情，要看到牆後面去，看穿事情的本質，要貼得更近，就是朋友之間要走得更近，要互相發現對方，並且互相去感受，這就是生命的目的。①

影片中，華特歷經千辛萬苦回到熟悉的生活圈。片尾時，一位友人問道：「最近還常做白日夢嗎？」他回答：「少很多了，甚至沒有。」因爲眞正體驗生命的人就是活在眞實生活中，並變得勇敢。一直不敢開口示愛的華特經過這場洗禮後，很自然地主動拉起女主角的手漫步街頭，一點都不難，易如反掌。

說到這裡，想起過去一年來《廣論》的學習，在課堂上常聽到「希求後世安樂」之說，換言之，從暇滿人身，念死無常到三惡趣苦，都明示著早點修行，來世好投生善趣。

希求後世安樂與活在當下，可有衝突？

看完電影至今，一直斷斷續續地在腦海浮現，到底希求後世安樂與現在安樂是一個軸的兩端嗎？「活在當下」多一點就會讓「希求後世安樂」少一點嗎？還是兩個軸？「活在當下」是可以與「希求後世安樂」並存的嗎？還是「活在當下」是「希求後世安樂」的手段？亦或是「希求後世安樂」是「活在當下」的手段？

佛的後世之說應該是要提醒眾生及時行善修行，而這個修行不是什麼特別神祕的行爲，就是存好心、說好話、做好事，這個「好」就是「眾善奉行」。我個人認爲，只要一個人能行善如儀，臨終一念，善心走。那麼，信什麼宗教或不信宗教有何差別？我現在是朝著「佛陀的智慧」這條路走，相信只要持續學習、不忘理性，慢慢地會愈來愈接近答案。因此，好好地善待自己與他人，拓展自己的視野，拉近與感覺彼此的存在，會不會也是佛法的另一種體現？當生命即將走到盡頭時，不後悔，滿滿的感恩！

片中有段場景與對白，我特別有感覺。當華特找到攝影師尙恩，尙恩正在野地拍攝雪豹，在冰天雪地中安安靜靜地守候雪豹出現，是非常辛苦的工作。當兩人在交代一些事情時，雪豹出現了！可是尙恩沒有按快門，他說：「有時候我不按快門是不想讓快門造成我分心，我只想享受當下這一刻的美好。」

這一刹那，是當下。

是享受當下，不是記錄當下！

①摘自網路分享：老俞百日行動 https://page.om.qq.com/page/O44DKVysqHl6_4oytBP06Hlw0

一個美好的風景或情境，我們有沒有好好地享受當下實在值得深思與反省。最極端與具體的就是跟團旅遊，每到一個地方先找最好的景點拍照留念再說，希望留下美好的照片以便回憶（這是不是活在未來的另一形式？）。可是，就是忘了活在當下！享受生命的美好，享受大自然的禮讚。電影中這一段是全片最經典的對白，呼應的是《*Life*》雜誌的座右銘，生活的目的是經驗，不是紀錄。

＊＊＊

本篇前段是我二〇一四年的觀影心得，回頭再看，大家會不會對「活在當下」這四個字有不同的解讀？我身邊有一些人對「活在當下」不以爲然，揣摩他們的心態，應該是把這四個字與「享樂」連結在一起，因此與「希求後世安樂」牴觸？

最近閱讀越南高僧一行禪師吃橘子的故事，有了一些體悟，於是在這篇短文之後，補上這段文字。以下文字摘自《正念的奇蹟》（*The Miracle of Mindfulness*）②

一行禪師說吃橘子的故事

我記得數年前，吉姆和我第一次一起在美國旅行，我們坐在一棵樹下，分吃一個橘子。他開始談論我們將來要做些什麼。無論何時，只要我們構想一個吸引人或是令人振奮的計畫，吉姆就會深深地陷入其中，以致全然忘了他當下正在做的事。他掰了一瓣橘子放進嘴裡，在還沒開始吃之前，又掰好另一瓣準備送入口中。他幾乎意識不到自己正在吃橘子。我只好對他說：「你應該把含在嘴裡的那瓣橘子吃了。」吉姆這才驚覺自己正在做什麼。當時的情景就好像他根本不是在吃橘子，如果說他吃下了什麼，那是在「吃」他未來的計畫。一個橘子有很多瓣。如果你懂得好好吃哪怕是一瓣，你大概會懂得好好地吃整個橘子。但是，如果你連其中的一瓣都不會吃，那麼你是不懂得吃橘子的。吉姆明白這個道理，他慢慢把手鬆下來，專注地喫那一瓣已經含在嘴裡的橘子。他仔細地咀嚼，然後吞下去，接著才再掰一瓣。後來，吉姆因為反戰運動入獄，我很擔心他能否忍受監獄的四面高牆，於是寫了一封簡短的信給他：「還記得我們一起分享的那個橘子嗎？你在那裡的生

②《正念的奇蹟》作者：一行禪師（Thich Nhat Hanh），譯者：何定照，橡樹林文化出版。

活就像那個橘子。吃了它，與它合爲一體。明天，一切都會過去。」

感恩遇見一代高僧的開示，提醒我輩中人，活在當下，融進生活！不是「爲當下（享樂）而活」，是「在」，在那個當下。日常生活就是通往奇蹟的下手處，例如好好專注工作、好好專心洗澡、好好煮一頓飯、好好與親人融在一起（像專心嘗一瓣橘子般）。

去年無憂花學堂邀請黃淑錦老師分享正念課程，當時她提到「當下」的英文是「present」，同時有「禮物」之意。我們庸碌的生活可能不如人意，也請勿忘記「當下」常備有數之不盡的「禮物」。

胡展誥諮商心理師在情緒管理課程中也提到「一次一事」的練習方法，追溯源頭也是出自佛門。「活在當下」是佛家禪宗用語，也是一種修習方法，就是嘗試將馳騁於外的心念收攏回來，專注當下所做的事。活在當下的重點是「專注當下」。若能做到走路時專注走路、吃飯時專注吃飯、工作時專注工作、遊樂時專注遊樂等，便是難得好修行。我們的情況是：吃飯時滑手機、工作時想著玩樂，飯菜的滋味與工作的樂趣一一錯失，對吧？

希求後世安樂與活在當下，可有衝突？
於今，我的學習是沒有衝突。
開拓視野，看見世界；
貼近彼此，感受生活。
這就是生活的目的，
同時，也是希求後世安樂的目的。
See the good.

今天，做了什麼好事？

今天，看到了哪些美好的人、事、物……

今天，要真心感恩的三件事……

我不是為了吃飯才去工作的

小薇的故事

問：江老師，我現在有點迷茫。我本科專業是經濟學，但是以後想在加拿大繼續讀研究所或就業，不太想從事和銀行相關職業。我想學習體育心理，想多和運動員或是奧運運動員接觸，覺得接觸了他們，肯定就會不一樣。但是我又不夠堅定，缺少不顧一切要學這個的動力。

答：小薇，從你的問題中，有一個假設，那就是要「學以致用」。聽起來符合邏輯，以前的老師好像也是這樣教，遺憾的是這個社會（至少我理解的）不是這樣運作的。根據我知道的就業情報，企業在徵才時，七成以上的職缺大多只是標註大學畢業或高中畢業，最多，註明商學相關科系。我想說的是：

大部分的大學畢業生都不是「學以致用」。

但是，如果我們把大學教育當成「通識教育」，整個教育的核心價值是培養一個人的學識與獨立思考能力，那麼所有的學習都會在將來的職場上用到，例如語文、算術、歷史與人文等等，只是我們總覺得那個「學習」不是「專業」罷了。

學習是功不唐捐的歷程，
只是我們現在看不到有什麼效果，
就像妳每天去健身房三十分鐘一樣，
短期看不到什麼效果，
但是長期效果顯著。

再說，跳脫「學以致用」的框架，未來在職場生涯，除了可以大大增加職場的選項外，一旦「學非所用」的情境真的發生時，也比較能安住，比較可以看到各行各業的價值與樂趣。

小薇，我可以與妳分享的另一個心得是怎麼看待理想的工作？「理想」是固定的狀態？還是邁向理想的動態過程？

在企業界服務三十年，我看到太多年輕人因爲找不到理想的工作而不願意行動，又或者一邊工作一邊抱怨目前的工作；又或者一直換工作，一直想要找到心目中理想的幸福企業。只有休假才快樂，一上班就不快樂。一晃一、二十年就過去了，有一天突然發現，自己的主管比自己年輕。

我的經驗是，如果你上班不快樂，
休假也快樂不起來。

因爲一週七天，工作五天，占生活的比重約百分之七十，如何在工作中找到快樂是生命的重要功課，重中之重！你可以先建立一個概念：

所謂理想的工作不是一種成品，
而是一種半成品的概念。

你可以在選擇未來的工作時，選一個較接近自己個性的工作，然後一刀一斧慢慢將自己的工作修正成符合自己理想的工作，這樣，或許在經歷了高高低低、起起落落的二十年後，有可能會有一份很接近自己理想的工作。

小薇，聊到這裡，我沒有給妳什麼具體建議，因爲人生太多「想」，但沒有去「做」的故事，至少，我的一生就很多。眞的很想、很希求，妳是會行動的。

如果還停在想，

那應該是還沒那麼想吧！

我觀察到一個現象倒是可以作爲這篇短文的結論，如果在工作中找不到樂趣，是很難賺到大錢的。因爲樂趣會讓你聚焦，聚焦才能讓你的努力有持續效果。現在這個當下，在我寫這封信的路易莎咖啡店，牆上有這麼一段非常有意思的英文：

I DON'T DRINK COFFEE TO WAKE UP.

I WAKE UP TO DRINK COFFEE.

我寫完此信時，抬頭看著看著，就用這句總結吧！

祝福你早日找到學習與工作的樂趣，

希望有一天你會說：
我不是爲了吃飯才去工作的，
我是爲了工作才去吃飯。
See the good.

今天，做了什麼好事？

今天，看到了哪些美好的人、事、物……

今天，要真心感恩的三件事……

你會選擇討厭的人一起去荒島嗎？

無憂花學堂曾經邀約作家侯文詠（醫學博士）來分享，他提及在安寧病房的那段日子，與四、五百位癌症末期的病人聊天，傾聽臨終病人的心聲。

「你覺得生命最重要的是什麼？」

當他這樣問病人時，幾乎所有病人談最多的是「關係」。大部分臨終的病人放不下父母、配偶、子女與親友，常常讓病人最後悔的是：

有生之年沒有跟自己在乎的人好好相處。

讓人扼腕的竟然是跟自己在乎的人有著不圓滿的關係，幾乎所有臨終的人都渴望在死亡之前，可以和自己關心的人和解、擁抱與好好告別。侯文詠的結論或許主觀了些，那麼客觀的科學研究帶給我們什麼答案？

哈佛大學針對成人生活的研究至今已進行七十幾年了，羅伯．威丁格（Robert Waldinger）是該研究的第四個主持人。從一九三八年開始，研究總共追蹤了七百二十四位成人。每一年，研究團隊都會詢問研究對象的工作、生活、健康等狀況。七十幾年來，幾十萬頁的訪談資料與醫療記錄中，究竟帶給我們什麼樣的研究結果與啓發？這個史上最長的幸福感研究，給了我們一個清楚的答案：

「良好的人際關係讓我們健康快樂。」

前陣子看到一位無憂花姐姐在 line 分享，如果要把你送到荒島上，只有兩個選項，第一選項是你一個人去，第二選項是帶你討厭的人去，你會怎麼選？一位人類心靈行爲研究的教授在課堂上做了調查，在場的八十個人，只有一個人選擇自己去，其他七十九人都選擇和討厭的人一起去。由此可見——

人是需要在關係中生活的，

即便是糟糕的關係也比沒有關係要好。

這也許能解釋爲什麼許多人明明知道戀情斑駁、愛人不堪，也寧願咬牙痛苦地走下去。這也是爲什麼人在離世前，最多的心願，還是只要親人在身邊就好。

遇到自己喜歡的人，觀功念恩並不困難，困難的是遇到自己不喜歡或我們認定的仇人時，如何訓練自己觀功念恩呢？如果只有仇人跟你在荒島，會比較好練嗎？最悲傷的會不會是明明是一家人，但整個家庭（或家族）都在觀過念怨中過日子，互相傷害到體無完膚？看過一句話形容地貼切：「你說的話雖沒刀刃，但是傷人至深！」

以終爲始吧！

試著觀想一下，十天後就要死了，

我們最在意的是誰？

我們還會對自己的親人講話那麼狠嗎？

還有，

你會選擇帶你討厭的人一起去荒島嗎？

還是，你早就跟討厭的人在一起了。

See the good.

今天，做了什麼好事？

今天，看到了哪些美好的人、事、物……

今天，要眞心感恩的三件事……

幸福學倒過來講不也就是煩惱學？

以下是一位老朋友與我分享的故事：

「很多年前，那時我還在職場，聽小陳說『同事小張說你如何如何，批評你。』公司組織大，我聽過也見過小張，但沒有說過話。聽到小陳的轉述後，反正我與小張也沒在同一個單位，八竿子打不著，無妨，各忙各的，井水不犯河水。

「後來有一天，我遇見王明，王明突然提到小張，人家王明也沒有說小張怎樣，我竟然打心底冒出一股莫名的不爽，一股腦地批評與攻擊小張『他是什麼東西！只要狹路相逢，肯定給他好看！』說著說著，我被自己的瞋念嚇一大跳，王明也嚇一跳，不是不在意的嗎？

「學習《廣論》之後，我才知道原來一年多前小陳的話像種子一樣深深埋在我的心裡，留下一個『負面的印記』。乍看之下沒什麼，其實一直都在，種子一直活著，一旦有了雨水與陽光，瞬間發芽茁壯，完完全全地主宰我的情緒！

「我再往下想，如果王明又把今天的話轉給小張聽，這下梁子眞的就結下了，後續會如何發展？業必增長廣大，誠不欺人。好可怕！小陳不就是隨口轉述幾句。小張怎麼想得到自己的隨意批評竟樹了一個敵人。至於我，問自己怎麼如此不堪一擊！」

聽老朋友說完這個故事，我想起《廣論》有這麼一段：「若無煩惱，雖有宿業超諸量數，然如種子，若無潤澤及其土等，定不發芽，如是諸業缺俱有緣，亦定不能發苦芽故。又若有煩惱，縱無宿業，無間新集，取後有故。」有點卡卡的，對吧？千萬別被文言文嚇到，其實觀念不難懂。整段文字的意思是，過去雖然造了業（種子），但如果沒有煩惱（水土陽光，稱俱有緣），這個業是不會感果的（發芽）。換言之，任何一個業感果的時候，一定是有煩惱作它的「俱有緣」。還有，如果我們一直處在有煩惱的狀況下，雖然沒有舊業，也會造新業。因此：

煩惱是關鍵，

關鍵在煩惱。

《廣論》的內涵核心就是鬥煩惱，用心理學的名詞，煩惱就叫「情緒」。現代人忙於工作、家庭與種種人際關係，一直都有情緒的起伏，往往情緒一失控就會說出傷人傷己的話（造業），做出後悔的選擇（造業）。

有時想想，幸福學倒過來講不也就是煩惱學？

See the good.

今天，做了什麼好事？

今天，看到了哪些美好的人、事、物……

今天，要真心感恩的三件事……

站著回台中有什麼功德？

某天受邀至企業授課，下課已近五點，搭捷運至台北高鐵站。過去買票的習性難改，對號座沒有時，反射性地買了自由座，反正是台北站出發，這一班又是直達台中，上車隨便坐，沒有人會趕座的，想得很美，對吧？

於是這一天，打從有高鐵至今，我這個凡夫，第一次買高鐵票從台北站著回台中。感覺像是當年學生時代擠火車回家過節一般，站著站著，我突然想到爲什麼當時不買商務車廂？飛機的商務艙坐不起，高鐵的商務車廂總坐得起吧！凡夫雖沒那麼有錢，但還是有一點錢的，況且是這一趟邀約課程的公司付車馬費，高鐵票是可以報銷的。所以，我說習性難改就是這樣：

一生沒坐過商務車廂的人，

打心底就沒把商務車廂列爲選項。

哪怕有錢了，

也是習性依舊。

還好，有手機陪我。

凡夫一個，站著、寫著，台中就到了。

後記：

後來，我發現是我忘了當天是週五，可見我日子過得很滋潤，好過到忘了是「週五」。週五下班後可是上班族假期的開始，我只是站一次，有人卻是每週、每天地站。

曾聽智者說「見苦知福」，一般的解讀是「見到別人苦難的遭遇，進而反思自己的現況是如此幸福。」西方的科學實驗證明確實有此幸福效果，東方智者說這種「自他相比」後升起的正面情緒，也是觀功（See the good）。

這次站著回台中的經驗，讓我想起有一次去台南辦無憂花姐妹成長營時，住在赤崁樓附近。我走進一家麵店，吃到一碗難以入口的擔仔麵，這麵吃起來是甜的！難道您不知道這會砸了「台南擔仔麵」的招牌嗎?當時，一股情緒升起。

事後，我才知道台南的口味是偏甜的。很顯然，平日我在各地嘗到的擔仔麵不是這個味道，我非常熱愛擔仔麵，在國外工作帶最多的泡麵也是台南生產的。離開那家店，想想 See the good，我轉念想「這一碗難吃的擔仔麵」就是在提醒我，平時吃的擔仔麵是多麼美味啊，要珍惜啊!要讚美啊!

這碗不合口味的麵是有提醒功德的。

橫向的比較是自他相比，縱向的比較是自己前後經驗相比。「站著回台中」讓我看到自己平日是如此幸福，不用站著擠車過日子;「這一碗擔仔麵」提醒我，別把生活中平凡的事視爲理所當然，因爲:

你沒下過地獄，
不知道現在是天堂。

See the good.

今天，做了什麼好事？

今天，看到了哪些美好的人、事、物……

今天，要真心感恩的三件事……

寧可學習難，勿嘗生活苦。

很多時候，我們覺得自己是對的，討論起他人的「事情是非」時很有自信。無意間，很容易忽略事件中當事人之所以這樣做的因（背景因素），論起「果相的是非」時滔滔不絕。站高遠一點看，我們這種人很難起慈悲心，因為我們比較享受評論感。

這種「行相」通常出現在有自信的人身上，大多事業小成或受過高等教育。我們如何知道自己有沒有這個毛病？很簡單，常覺得別人是錯的嗎？常想糾正人家嗎？這個，我們自己心裡明白。

另一種狀況，不是別人的作爲是錯的，而是我們看不慣別人的作爲，而這個「不慣」其實只是「不順自己心意」罷了！曾聽一位師兄說：「修行愈好的人看不慣的事情愈少。」這跟年齡有關嗎？至少孔老夫子曾說：「五十而知天命，六十而耳順，七十從心所欲，不逾矩。」仔細想想，我們不是聖賢，因爲身邊的親友，愈活愈固執的也不在少數。

我們身邊太多這樣的長輩，苦不苦？苦啊！一天到晚看不慣這個、看不慣那個。而這個「長輩」也包含我們自己，如何知道自己有沒有這個毛病？很簡單，生活中，你常「棄自自在」嗎？寫到這裡，突然想到了婚姻：

棄自自在，風平浪靜，簡單嗎？

不簡單，棄自自在，很難啊！我光看人家開車與停車的方式，就不自在。不過，人類是高等靈長類動物，會從經驗中學習。雙方不棄自自在，堅持自己是對的，堅持自己要的，堅持自己不要的，那就開戰吧！然後，你會學到戰爭帶來的苦更大，曾在網路上看見一句話：

有時候，
毀掉我們的不是我們討厭的東西，
相反地是我們享受的東西，
是走得太舒服的路。

就拿運動來說，大家都知道多運動對身體好，可是一想到運動時的喘、累、痠痛與不舒服就懶了。身體舒服太久，心肺功能衰退、肌肉鬆軟。身體如此，心靈也是如此。想起日常法師的法語：「與不同習性的人一同工作，你會發現一個事實，如果沒有個逆緣，你始終是停在理論與做夢當中，不可能眞正兌現你的實踐與願望。」

待在順境太久，如何鍛鍊自己的心靈肌肉？從這個角度看，逆境有其功德（good），當然，小逆境就好，太大受不了。

我明白，我怎麼不明白？好好修吧！

寧可學習難，

勿嘗生活苦。

See the good.

今天，做了什麼好事？

今天，看到了哪些美好的人、事、物……

今天，要真心感恩的三件事……

將髒掉的鏡片擦乾淨一點

我試著用企業語言來說吧！我們都知道基本的會計方程式是收入減去成本與費用等於利潤（或者稱之爲淨利）。參加福智企業營四天後，在工作與生活上，我很難用「增加營業收入」來形容，但可以用「減少了一些營業成本與費用」來看待。減少什麼成本？

首先，負面的情緒成本減少了。

在觀功念恩的教育之後，在生活與工作中看人的行爲時，提醒自己多看他人的優點與功德。這個練習的角度，本來在企業管理的思維就是用人唯才（優點），只是經年累月地在工作中一不留神，就疏忽了這個看人看事的正確角度。

更進一步地說，在日常生活中也忽略了對自己家人與親友觀功念恩。企業營四天的分享與課程，提醒我思考與反省。於是，在正面解讀他人的行爲與話語中看到了更多美好，我感覺自己像吃了維他命，更健康了。類似生氣、猜疑與其他負面的情緒減少了，又或者一件生氣的事以往會影響幾天的生活情緒，現在復原得快，也因爲復原得快，讓我不會陷入「惡言與惡念」的惡性循環中。

企業營的四天，像是將我髒掉的眼鏡鏡片擦乾淨一點，讓我看到更多的美好與功德，懂得感恩，自然生活中的負面能量就少了很多。這就是我所說的，在生活與工作上，負面的情緒成本減少了。

其次，追求快樂的「繞路成本」減少了！

「繞路成本」就是我們在追求目標時，多走了一些無意義的路，這些多走的路，也就是繞路成本。這是我個人的綜合體會，如果「離苦得樂」是我們人生的終極目標，這個目標就像 Google 地圖一樣，一旦 GPS 定位了目標，你很快就知道自己現在離目標還有多遠。於是，朝「離苦得樂」的目標邁進，你的努力慢慢地縮短距離。但是，人的慾望與舊習性會把你拉到更遠的地方，在以往你可能不知道，胡天胡地又走了許多路，愈走愈遠而不自知。

「離苦得樂」的目標在企業營四天與後續《廣論》的研習中定錨後，慢慢地，我像有Google地圖一般，自我察覺到在某些時候、某些情境之下，我離目標愈來愈遠了。或者說，察覺自己如果順著舊習性去做某些雖會帶來短暫快樂但卻是背離終極目標的事，算一算，得不償失，於是就選擇不做了！這個不做了，就是減少「繞路成本」。

退一萬步說，就算我沒有更靠近終極目標「離苦得樂」，但我不會離得更遠！套句王永慶的名言：「你賺的一塊不是一塊錢，你省的一塊錢才是一塊錢！」換言之，情緒成本與繞路成本的減少，帶來的人生利潤更大！

福智企業營隊結束至今，我沒有停止學習的腳步。走到今天，我的「人生利潤」逐步增長，不快樂（也就是成本）愈來愈少是真正的主因。用「離苦」來形容，比用「得樂」形容貼切許多！不過，能離苦就已經省下很多不必要的負面情緒了。

寫到這裡，千萬不要以爲我的生活與工作從此「離苦」了，如果全都圓滿了，也就是零成本，那我不就成佛了。所以，我的總結是這樣的：

> 在生活與工作中，我常有一些負面的情緒與煩惱，也常有一些誘惑與慾望，讓我沉迷在短暫的快樂而不自知。我的心不安靜！也不乾淨！福智企業營四

天開啓了我對自己心靈教育的大門，在學習改變自己的思維與行爲中。慢慢地，在生活與工作中少了一些負面情緒，也少了一些違反幸福的想法與行爲。

於是，

我的心比以前安靜一些，

也比以前乾淨一些，

是一些，

因爲我才剛開始學習。

福智企業主管生命成長營心得

筆於台中　二〇一三年六月二十一日

See the good.

今天，做了什麼好事？

今天，看到了哪些美好的人、事、物……

今天，要眞心感恩的三件事……

【後記】

在這個時候——寫在最後面的一段文字

緣起

回顧二〇一二年七月在開南大學，從四天三夜的企業營回來後，我們這一群企業人士成立了「十二秋十三班」，一起持續學習。特別感謝鄭淑愼班長與所有同班同學，要是沒有這一群同學，這本書的因緣是不俱足的。這本書的內容也就是從二〇一五年在企業界分享一堂六十分鐘的觀功念恩出發，逐步擴展爲十二堂課的內容。在此，要特別感謝我的同學，即當時擔任亞崴機電總經理的康劍文，鼓勵我用企業界的語言，傳遞正能量。

二〇一六年，福智台中學苑的胡克勤主任，鼓勵我們走入社會（政府、學校與企業）傳遞觀功念恩。於是，無憂花姐妹成長營第〇一期在清新溫泉飯店舉辦兩天的營隊，整個國際會議廳坐滿了約八百餘位姐妹。營隊圓滿結束後，胡主任鼓勵我們：「營隊只是開始，勇敢地持續走出去，在公部門與私部門持續傳遞正能量。」

統計至新冠疫情爆發前（二〇一九年底），四年合計舉辦二十三期的無憂花姐妹成長營，與近七百場的專題講座與企業內訓。從台中一路出發，往南至高雄與台東，並從台灣出發，足跡走過香港、上海、深圳、無錫、北京、韓國及加拿大的溫哥華與多倫多等地。

當二〇二〇年春天，

正準備上台北舉辦營隊時，

一場疫情，全面停辦。

說這本書是新冠病毒催生出來的並不為過，二〇二〇年春天，記得當時武漢封城，全球的金融市場大跌。無憂花學堂辦了五年的營隊與講座，因為疫情正準備歇業。就在這個時候，二〇二〇年四月二日，我們走進福智教育園區，陳學長與無憂花有了一次長談，策勵我們發展線上課程。

一邊做，一邊學，一邊改，做就對了！

沒有失敗，只有業力。

那一天回到台中，無憂花團隊會議只開了十分鐘，立即決議將所有資源投入線上課程發展，至於怎麼做，沒有什麼頭緒。但是，我們有信念，做就對了！立即添購軟體與硬體設備（這要感謝高雄孟哲大哥的指導），然後團隊自學線上講課與導播技巧。第一次實驗課程內涵是「六堂觀功念恩的心得分享」，陳學長將課程命名爲「仕女幸福學」。

二〇二〇年四月二十二日，正式啓動線上課程

寫到這裡，特別感謝「仕女幸福學」的第一期一百二十一位學員願意給我們練習的機會，因爲經驗告訴我們「從零到一」最難！從一點零至一點一或一點二就簡單多了。也就從那時的六堂課開始，我們辦了六期的收費課程，在財務上，自給自足無慮。

二〇二一年正式企畫千江明月系列課程，無憂花學堂也正式定位爲「線上終身學習的學堂」，邀請各領域優秀講師上線開講，從一個班擴展爲四個班。兩年內，學員成長

至七百餘位。在師長的指導與同行護持下，大慈恩基金會正式指導我們二〇二二年的千江明月系列課程，穩固了無憂花學堂線上教育平台的馬步。

業必增長廣大。

二〇二一年，胡主任代理新竹分苑長，嘉東兄接任副座，提議將「仕女幸福學」的六堂線上課程擴充爲十二堂「線上遇見幸福」，研發成爲線上實驗班的教案，與桃園、新竹、台南共十一個班一起實驗。所以，回顧過去這幾年，從一堂至六堂，再從六堂至十二堂，活生生地印證了「業必增長廣大」的道理。

最後，要感恩的是阿德（吳家德），認識阿德時，他在銀行當分行經理。當時我跟娜娜姐說，阿德將是未來的總經理，因爲在邀請他來無憂花姐妹成長營分享時，他助人的熱情，我們自嘆弗如。只是沒有想到的是，他成爲唯賀總經理的日子如此之快。

這本書從二〇一二年遇見日常老和尚，經胡主任，再經過陳學長與如得法師指導，都是一種順緣。一步一步地走過來，每一步都在凝聚一股善的能量，最後，臨門一腳，射門的竟然是阿德，一位好朋友，一位大乘佛子，一個熱情的傢伙，連出版社都幫我找好。

• 感恩吉田休閒茶行的何睿峰與郭婷豫，一路歡喜陪伴我們至各地舉辦營隊。
• 感恩蘇泰源與陳姵汝賢伉儷，在電子美編、文書與行政事務處理上的協助。
• 感恩張宏基與黃慧眞賢伉儷，三不五時請我們吃飯，話雖只是家常，每次都感受到他們的護持，鼓勵我們困難不應退，持續走入社會傳遞觀功念恩。
• 感恩公勝保經的李姐與威總（蔡聖威），在無憂花成長的艱困時期，注入了穩定成長的能量。

最後，感恩娜娜姐發揮補教業的本職學能，專職關懷學員，時時處處，補上我個人的不足。同時，還有生活上的細心照顧。兩人每天近二十四小時的相處，互爲「心靈成長的伴侶」，十年如一日。

他日，
若能在覺悟的道路上，
有一絲寸進，
娜娜姐當居首功，
無疑。

眾生系列　JP0206

我是對的！爲什麼我不快樂？：終結煩煩惱惱的幸福密碼

作　　者／江宏志
責任編輯／劉昱伶
業　　務／顏宏紋

總 編 輯／張嘉芳
出　　版／橡樹林文化
城邦文化事業股份有限公司
104 台北市民生東路二段 141 號 5 樓
電話：(02)2500-7696　傳眞：(02)2500-1951
發　　行／英屬蓋曼群島商家庭傳媒股份有限公司城邦分公司
104 台北市中山區民生東路二段 141 號 2 樓
客服服務專線：(02)25007718；25001991
24 小時傳眞專線：(02)25001990；25001991
服務時間：週一至週五上午 09:30 ～ 12:00；下午 13:30 ～ 17:00
劃撥帳號：19863813　戶名：書虫股份有限公司
讀者服務信箱：service@readingclub.com.tw
香港發行所／城邦（香港）出版集團有限公司
香港灣仔駱克道 193 號東超商業中心 1 樓
電話：(852)25086231　傳眞：(852)25789337
Email：hkcite@biznetvigator.com
馬新發行所／城邦（馬新）出版集團【Cité (M) Sdn.Bhd. (458372 U)】
41, Jalan Radin Anum, Bandar Baru Sri Petaling,
57000 Kuala Lumpur, Malaysia.
電話：(603) 90563833　傳眞：(603) 90576622
Email：services@cite.my

內　　文／歐陽碧智
封　　面／兩棵酸梅
印　　刷／韋懋實業有限公司

初版一刷／ 2022 年 12 月
ISBN ／ 978-626-7219-07-2
定價／ 380 元

城邦讀書花園
www.cite.com.tw

國家圖書館出版品預行編目（CIP）資料

我是對的！為什麼我不快樂？：終結煩煩惱惱的幸福密碼 ／江宏志著 . -- 初版 . -- 臺北市：橡樹林文化，城邦文化事業股份有限公司出版：英屬蓋曼群島商家庭傳媒股份有限公司城邦分公司發行，2022.12
面 ； 公分 . --（眾生；JP0206）
ISBN 978-626-7219-07-2（平裝）

1.CST: 幸福　2.CST: 人生哲學

191.9　　111018189

廣　告　回　函
北區郵政管理局登記證
北 台 字 第 10158 號
郵資已付　免貼郵票

104 台北市中山區民生東路二段 141 號 5 樓

城邦文化事業股份有限公司

橡樹林出版事業部　收

請沿虛線剪下對折裝訂寄回，謝謝！

|橡|樹|林|

書名：我是對的！為什麼我不快樂？：終結煩煩惱惱的幸福密碼

書號：JP0206

橡樹林文化

讀者回函卡

感謝您對橡樹林出版社之支持，請將您的建議提供給我們參考與改進；請別忘了給我們一些鼓勵，我們會更加努力，出版好書與您結緣。

姓名：＿＿＿＿＿＿＿＿ □女 □男 生日：西元＿＿＿＿＿年

Email：＿＿＿＿＿＿＿＿＿＿＿＿＿＿＿＿

●您從何處知道此書？

□書店 □書訊 □書評 □報紙 □廣播 □網路 □廣告 DM

□親友介紹 □橡樹林電子報 □其他＿＿＿＿＿＿

●您以何種方式購買本書？

□誠品書店 □誠品網路書店 □金石堂書店 □金石堂網路書店

□博客來網路書店 □其他＿＿＿＿＿＿

●您希望我們未來出版哪一種主題的書？（可複選）

□佛法生活應用 □教理 □實修法門介紹 □大師開示 □大師傳記

□佛教圖解百科 □其他＿＿＿＿＿＿

●您對本書的建議：

＿＿＿＿＿＿＿＿＿＿＿＿＿＿＿＿＿＿＿＿

＿＿＿＿＿＿＿＿＿＿＿＿＿＿＿＿＿＿＿＿

＿＿＿＿＿＿＿＿＿＿＿＿＿＿＿＿＿＿＿＿

非常感謝您提供基本資料，基於行銷及客戶管理或其他合於營業登記項目或章程所定業務需要之目的，家庭傳媒集團（即英屬蓋曼群商家庭傳媒股分有限公司城邦分公司、城邦文化事業股分有限公司、書虫股分有限公司、墨刻出版股分有限公司、城邦原創股分有限公司）於本集團之營運期間及地區內，將不定期以MAIL訊息發送方式，利用您的個人資料於提供讀者產品相關之消費與活動訊息，如您有依照個資法第三條或其他需服務之務，得致電本公司客服。

我已經完全了解左述內容，並同意本人資料依上述範圍內使用。

＿＿＿＿＿＿＿＿＿＿（簽名）